フロントランナー

Front Runner

3

SDGsを実践する

監修：朝日新聞be編集部

はじめに

ここ最近、「SDGs《エスディージーズ》」という言葉をよく耳にするのではないでしょうか。

SDGsとは、Sustainable《サステナブル》 Development《デベロップメント》 Goals《ゴールズ》の略であり、

「持続可能な開発目標」を意味します。

今、世界はさまざまな危機《きき》に直面していて、待ったなし！ の状態。

そのため、世界中のさまざまな人々が話し合い、

人間が地球で暮《く》らし続けるために立てた、2030年までに達成すべき

具体的な目標――それがSDGsなのです。

環境《かんきょう》問題に対する取り組みだと思われがちなのですが、じつは違います。

SDGsでは、貧困《ひんこん》対策《たいさく》や安全な水とトイレの普及《ふきゅう》からジェンダー平等の問題まで、人権《じんけん》、経済《けいざい》・社会、地球環境といった、さまざまな分野の17の目標を掲《かか》げています。

この本では、そんなさまざまな分野で「SDGsを実践《じっせん》する」10人が登場します。

例えば、伊《い》藤忠《とうちゅう》商事の小林拓矢《こばやしたくや》さんは、海洋ごみを再資源化し、ビジネスとして発《はっ》

展《てん》させた人。また、ＴＢＭの山崎敦義《やまさきのぶよし》さんは、「ライメックス」という、石灰石《せっかいせき》から作った紙に替わる複合素材を、世界中に販売《はんばい》し、貢献《こうけん》している実業家です。

自然環境に影響《えいきょう》を与《あた》える、放置された竹林を生かして食料ビジネスを立ち上げたのは、ワカヤマファームの若山太郎《わかやまたろう》さん。

このように、「ＳＤＧｓを実践する」ことは社会貢献《こうけん》活動であると同時に、大きなビジネスチャンスにもなっています。


多種多様なバックグラウンドの中で、世界のため、日本のために奮闘《ふんとう》する姿《すがた》はまさに自ら道を切り拓《ひら》く「フロントランナー」そのもの。

既成概念《きせいがいねん》に囚《とら》われず、時代の先端《せんたん》で新たな職業や生き方を提示してくれます。

フロントランナーたちの言葉には、ＳＤＧｓが抱《かか》えた「課題」を照らし出し、あなたの心に訴《うった》えかける「何か」があるはずです。

朝日新聞be編集部
岩崎ＦＲ編集チーム

CONTENTS

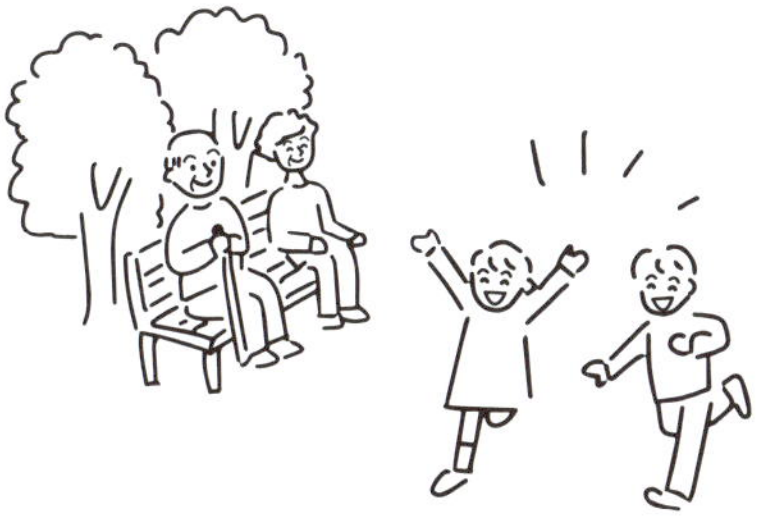

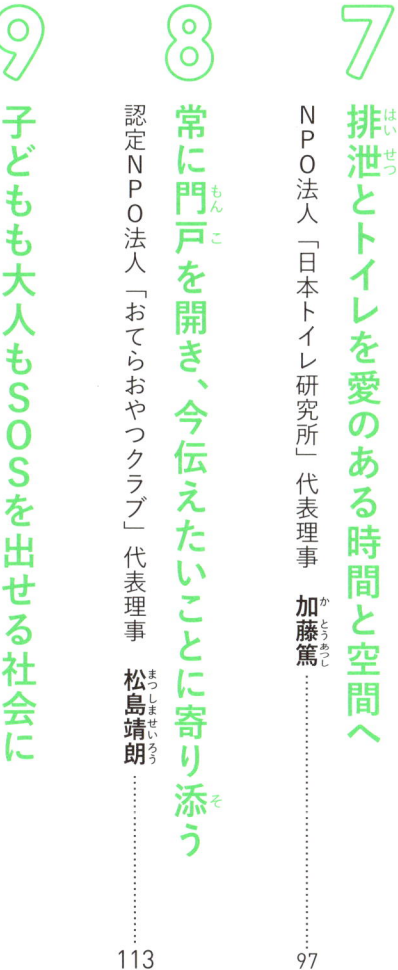

※本書は朝日新聞be「フロントランナー」の記事をまとめたものです。記事の内容は掲載当時のものです。
※今回の書籍化にあたり、取材当時から状況が変わった内容については一部改訂しています。

SDGsを
実践する
1

未来がかかっているから、
やるしかない

環境NGO「気候ネットワーク」
国際ディレクター・理事（当時）
平《ひら》田《た》仁《きみ》子《こ》

世界も注目、「脱《だつ》石《せき》炭《たん》」の旗《き》手《しゅ》

いつも非《ひ》対称《たいしょう》の闘《たたか》いに挑《いど》んできた。

目指すは地球温暖化に歯止めをかけること。化石燃料から風力や太陽光など再生可能なエネルギーへの転換《てんかん》を一刻《いっこく》も早くと、意見する相手は政府や電力会社をはじめとする大企業。ちっぽけなＮＧＯの言い分は、そうやすやすと聞き入れてはもらえない。

連戦連敗。それでも、手を替《か》え品を替え、主張を繰《く》り返す。声高に叫《さけ》ぶのではなく、膨大《ぼうだい》な資料を読み込《こ》み、海外のＮＧＯと情報交換《こうかん》し、戦略を練る。「さばさばした性格なので」と涼《すず》しい顔で言うが、「見えないところでものすごく周到《しゅうとう》に準備をしている」と同僚《どうりょう》も舌《した》を巻《ま》く。そんな粘《ねば》り腰《ごし》でこつこつと小さいながらも風穴《かざあな》をあけてきた。

東日本大震災《だいしんさい》による事故で一斉《いっせい》に停止した原発に代わり、化石燃料の中でもとりわけ多くの二酸化炭素を出す石炭火力発電所の建設計画が相次いだときも、そうだった。

企業《きぎょう》や政府が情報を出し渋《しぶ》る中、2013年からキャンペーンを張り、仲間とともに新たな計画が50基にのぼることを独自に調べ上げた。

特別客員准教授をしている千葉商科大学は、校舎の屋根に取り付けた太陽光パネルなどで消費電力の「自然エネルギー100%」を実現。その助言役も務める。「周辺大学にもその輪が広がっています」＝千葉県市川市

山が動いたのは、4年後の2017年。1基、2基と計画を中止する発電所が現れた。手応えを感じつつ、でもこの程度でぬか喜びできない、と思っていたら、海外のNGOからは「やったね」と称賛《しょうさん》の嵐《あらし》だった。

今では17基の計画が撤回《てっかい》に。十分とは言えないが、「各国の温暖化対策の加速を促《うなが》すパリ協定に企業《きぎょう》や国が押《お》された面もあるが、私たちが最初に声を上げたからこそ、変化を起こせたと思う」と成果を誇《ほこ》る。

この功績が2021年、草の根の環境活動家に贈られる「ゴールドマン環境賞」の受賞にもつながる。環境分野のノーベル賞と呼《よ》ばれる権威《けんい》ある賞だが、自分1人での受賞に当初は辞退《じたい》も考えた。「NGO仲間や住民らが一緒《いっしょ》に取り組んだおかげだから。でも、これでみんなが勇気づけられ、運動にはずみがつくならと考えを改めました」。

■ある女性の言葉で世界が変わる

目標を見定められずにいた学生時代。講義で聞いた、あるNGOの女性の言葉に心を揺《ゆ》さぶられた。「日本を基準とするのではなく世界のものさしで物事を見て」。同じころ、ブラジルで地球サミットがあり、気候変動が焦点《しょうてん》に。化石燃料によるエネルギーを大量生産・消費している私たち自身が地球の破壊者《はかいしゃ》である

プロフィール

1970年 熊本市生まれ。父の転勤で福岡、福島両県の小学校を経て中学1年で横浜市に。小学生のころから活発で、陸上や合唱などの部活に入る一方、ピアノにも没頭《ぼっとう》。音大進学も夢見た。

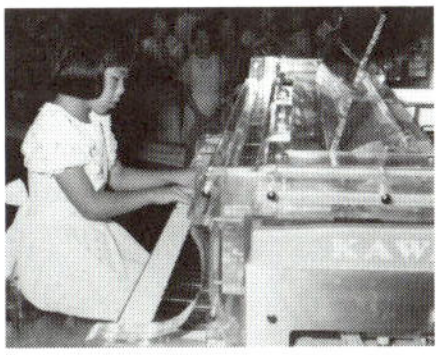
小学1年の時のピアノ演奏会

★神奈川県立光陵高校から聖心女子大学へ。実務関係の出版社に就職したが、3年半で退職。渡米してワシントンの環境NGOで1年間、活動現場を経験。写真は当時の同僚と。

米国ワシントンのNGOに

1998年 帰国後、「気候ネットワーク」の創設《そうせつ》スタッフに。東京事務所長を経て13年から理事。国際ディレクターも務める。この間に早稲田大学大学院で博士号を取得、現在は千葉商科大の特別客員准《じゅん》教授も兼ねる。

2022年 気候政策シンクタンクClimate Integrate《クライメート インテグレート》を設立。代表理事を務める。

★家族は夫と長男、長女。仕事に明け暮《く》れるが「家族がおおらかに応援してくれています」。趣味《しゅみ》のピアノを弾く時間までなかなか取れない。

ことに衝撃《しょうげき》を受け、この世界に入るきっかけとなった。

２０２１年に英国のグラスゴーで開催《かいさい》された、気候変動問題の解決への道筋《みちすじ》を政府間で話し合う国連主催の年次会合「ＣＯＰ」の第26回目「ＣＯＰ26」では、脱石炭《だつせきたん》が焦点のひとつだった。各国ＮＧＯを束ねる組織のリーダーの一員も務め、２週間の期間中、「交渉《こうしょう》の行方からいっときも目が離せなかった」。

神奈川県横須賀市に建設中の石炭火力発電所を半年ぶりに見に来たら、「こんなに進んでいた」。計画を認《みと》めた国を相手に提訴《ていそ》した住民らを支援《しえん》する。「脱炭素の時代に逆行する。今からでも撤退《てったい》した方が国や企業《きぎょう》のためです」

平田《ひらた》仁子《きみこ》さんに 聞いてみよう

Q COP26の焦点であった石炭問題を詳《くわ》しく教えてください。

A

議長国の英国が参加国の合意《ごうい》に導きたい四つの目標の中に、カーボンニュートラル（温室効果ガスの排出《はいしゅつ》と吸収《きゅうしゅう》の均衡《きんこう》）の早期実現のために各国の対策《たいさく》を野心的に強化するというものがあり、対策メニューの筆頭に挙がったのが、石炭火力発電の全廃《ぜんぱい》です。

先進7カ国（G7）の過半数は2030年までの全廃を表明していますが、日本政府は石炭火力をやめるのかどうかすらはっきりと言っていません。私としては、日本政府が石炭火力を利用し続ける方針《ほうしん》は改める必要があると考えています。そのほうが、日本のためにも世界のためにもよいということを、継続《けいぞく》して訴《うった》えていきたいと思います。日本政府に石炭火力の全廃《ぜんぱい》の表明を求め続けるとともに、会合での政府代表の言動をチェックして、各国ＮＧＯとともに評価したり、記者会見などで世界に発信したりすることになります。

Q

ゴールドマン環境賞も受賞し、今や気候変動問題に関わるＮＧＯで欠かせない存在ですが、学生時代の半ばまでは全く関心がなかったとか。

A

高校生のときはもっぱら部活と遊びばかりで、新聞もほとんど読みませんでした（笑）。

大学では女性の自立について教えられましたが、就《つ》きたい仕事も見つからなかったとき、講義で日本国際ボランティアセンターの元事務局長の女性と出会いました。事務所に出入りして、**世界で起きている問題を目の当**

たりにしたり、留学生との交流に参加したりする中で、地球温暖化の深刻《しんこく》さに気づかされて、関心がどんどん強まりました。それで環境の仕事がしたいと思いながらも、当時は英語も得意でなく、普通《ふつう》に就活《しゅうかつ》をして出版社に入りました。

Q なぜ、思いきって出版社を退社し、米国ワシントンのNGOへ入ったのですか？

A

仕事の合間に環境問題の本を読むなどしているうちに思いが募《つの》り、やりたいことをやらずにいたら一生後悔《こうかい》するだろう、と。それでラジオ講座《こうざ》で英会話を勉強し、コネもない中、環境政策《せいさく》に強そうな米国のNGOに受け入れてもらいました。26歳《さい》になって初めて本気になりました（笑）。

ビザの関係で1年限りの米国では、絶対何かをつかみ取って帰ろうと、必死で毎日所長にくっついて、ＮＧＯはもちろん、研究者など新《あたら》しい人にも会って話を聞いたり、人間関係を作ったりしました。政策提言《せいさくていげん》などを担《にな》うＮＧＯの組織のことも学んできました。

Q

気候ネットワークでは石炭火力発電所の建設を止めたこと以外にも成果がいろいろありますね。

A

大きな手応えを感じたのは２０２１年と２０２２年です。**気候ネットワークが株《かぶ》を持つ大手2銀行に対し、気候変動対策の国際ルールのパリ協定に沿《そ》った経営方針《ほうしん》を求める株主提案をしたところ、否決《ひけつ》はされましたが、それぞれ議決権がある株主の34・5％と22・7％の賛同を得ました。**

これだけの投資家が動けば、石炭火力などに向かうお金の流れが変わり、脱炭素《だったんそ》への道筋《みちすじ》を作れると思えました。

以前には、国に報告されている大規模《だいきぼ》工場などのエネルギー消費量の情報公開を求め、燃料に使う石炭が多い工場を明らかにすることによって、改善《かいぜん》を促《うなが》すようなこともしました。

Q 一方で、40歳のころから6年間、大学院に通っていますがその理由は？

A

いつも成果を得られるとは限らないＮＧＯに身を置き続けていると、物の見方が固定化したり視野《しや》が狭《せま》くなったりしているかもしれない。**現場を見るだけではダメで、研究書の中に答えが転がっているのではないか。**そんなことを考え、環境政策を専門《せんもん》にする政治学の先生の下で学びました。

ただ、じっくり勉強する機会を持てたと感じた一方で、現実問題として政策を変える原動力になるのはやはりＮＧＯが適していると思い、博士課程を修了《しゅうりょう》したあとは気候ネットワークの仕事に戻《もど》り、２０２２年に独立して、気候政策《せいさく》シンクタンクを設立し、新しいスタートを切っています。

Q

最近はスウェーデンのグレタ・トゥンベリさんをはじめ、若者たちの活動も目立ちますね。どう思われますか？

A

彼女《かのじょ》は思いも強いし、影響力《えいきょうりょく》を持って人を引っ張っていくのはすごい。でも、**大人になる頃《ころ》に深刻《しんこく》な温暖化が起きるという危機感《ききかん》で若者《わかもの》が行動せざるを得ないというのはせつない**です。若者にも期待したいです

が、**真に行動すべきなのは大人じゃないかと思います**ね。

Q

気候変動を最小限にするため、産業革命《かくめい》前からの平均気温の上昇《じょうしょう》を1・5度未満に抑《おさ》えることが求められています。NGOの目から見て可能でしょうか。

A

かなり厳《きび》しいです。対策を先延《の》ばしにしたツケが回ってきていますから。でも可能性はまだ閉《と》ざされていない。そこが大切だと思います。**本気になって転換《てんかん》を成し遂《と》げれば、1・5度未満に抑《おさ》えることができるというのは、今を生きる私たちの希望じゃないですか。**

この問題は「(解決が)難《むずか》しい」と思いながら取り組んでいてはダメなんです。**未来がかかっているから、やるしかない**んです。

新聞掲載：2021年10月23日

Column もっとくわしく知りたい！

リアルな現場の最前線

昔と今では世界の気候はどのくらい変わっている？

気温の変動は、おもに太陽活動の変化や大規模《きぼ》な火山噴火《ふんか》といった、自然現象が影響《えいきょう》するとされている。だが1800年代後半（産業革命《かくめい》期）以降《いこう》の気温変動は人間活動が引き起こしており、おもな原因は化石燃料（石炭、石油、ガスなど）の燃焼だと考えられている。

産業革命前と現在（2020年）の平均気温を比べると、現在は約1.2度も上昇《じょうしょう》。過去200年間の地球温暖化の責任が人間にあることを、気候科学者たちが明らかにしたのだ。ちなみに世界の平均気温が1.5度上昇すると、熱波、豪雨《ごうう》、洪水《こうずい》、山火事といった自然災害が増加、異常《いじょう》気象の発生が高まると言われている。

SDGsを実践する
2

社会課題を解決し 新しい価値《か》《ち》を創《つく》る

伊《い》藤《とう》忠《ちゅう》商事・化学品部門環境ビジネス統《とう》轄《かつ》
小《こ》林《ばやし》拓《たく》矢《や》

商社マンが挑む海洋プラスチックごみの再資源化《さいしげんか》

「野武士《のぶし》集団」と呼《よ》ばれる会社がある。非財閥《ひざいばつ》系で泥臭《どろくさ》く攻《せ》める社風の伊藤忠《いとうちゅう》商事のことだ。財閥系を凌駕《りょうが》し、2020年は時価総額で業界首位に躍《おど》り出た。

■海洋ごみ再資源化、挑む「野武士」

その一員になって15年。海岸に漂着《ひょうちゃく》したプラスチックごみの再資源化に成功した。**「海のごみをなくしたい。そのために何ができるのかを考えた」**。

文具、花びん、買い物かご……。2022年から海洋プラスチックごみに由来する日用品が幾《いく》つも実用化される。シャンプーボトルも大手メーカーが検《けん》討《とう》中だ。「世界初、海洋ごみ由来のポリ袋《ぶくろ》」という先行製品もある。将来《しょうらい》は製品ベースで数百トン程度に拡充《かくじゅう》する考えで、先例のない規模《きぼ》の取り組みとみられている。

もとは、ナイロンの原料に関する貿易を手がけてきた。プラスチックの一種で世界中から素材を仕入れ、世界中に売った。営業成績はトップ級。多くを学んだ一方、限界も感じてきた。

「仕入れ先に『安く売って下さい』と頼《たの》み、納入先《のうにゅうさき》に『高く買って下さい』と頭を下げる。その繰《く》り返しで

海洋ごみで埋《う》め尽《つ》くされた光景に、「言葉を失った。トレードビジネスだけやっていたのでは分からなかった現実だと思う」。手にするのは再資源化するポリタンク＝長崎県対馬《つしま》市

良いのか。**社会課題の解決につなげ、新しい価値《かち》を創《つく》る仕事をやりたかった**」。

目をつけたのは、海洋プラスチックごみだった。プラスチックが流通し始めたのは1950年代のこと。軽くて丈夫《じょうぶ》。腐《くさ》りにくいし安い。だから一気に普及《ふきゅう》し、年に約3億7千万トンが生産されている。半面、製品を燃やせば温暖化の原因となる二酸化炭素が出る。海に流入すれば、波や紫外線《しがいせん》で砕《くだ》けて微細《びさい》なマイクロプラスチックになる。魚

介類が取り込《こ》み、食物連鎖《れんさ》で生態系にダメージを与《あた》える。海辺の景観も汚《よご》す。
そんな現状を見過ごせなかった。
「意識の高い人が問題点を叫ぶだけでは、状況《じょうきょう》は改善《かいぜん》しない」。環境問題は、

プロフィール

1983年 神奈川県生まれ。会社員だった父親の転勤《てんきん》で1歳《さい》半から3歳までカナダで過ごす。

関西学院中学部に通っていた頃の小林拓矢さん（本人提供）

★関西学院中学部、高等部ではサッカー少年。

2004年 飛び級を使って関西学院大学社会学部を3年で卒業。2006年、同大大学院社会学研究科修了《しゅうりょう》。指導した荻野昌弘《おぎのまさひろ》教授は「一緒《いっしょ》にベトナム社会の調査に行った。行動力があって観察眼が鋭《するど》い」。

★同年、伊藤忠《いとうちゅう》商事に入社。就活《しゅうかつ》書類には正直に「英検4級」と記載《きさい》した。有機化学品第二部に配属され、ナイロンの原料に関する貿易業務に携わる。

★2014年度の営業成績が抜群《ばつぐん》で2015年に社長賞を受賞する。米ヒューストン駐在《ちゅうざい》などを経て2018年から現職。

★趣味《しゅみ》はロッククライミングと、幼少時からの釣《つ》り。「この時期はカワハギ釣り。強い引きを楽しめるし、膨《ふく》れた肝《きも》がうまい」。さばくのもお手のもの。

釣った魚を持ち上げる小林拓矢さん（本人提供）

多くの関係者が関わるビジネスに取り込《こ》んでこそ解決の糸口がつかめる、という信念がある。今回はごみの回収《かいしゅう》、破砕《はさい》、洗浄《せんじょう》、加工という工程で自治体やリサイクル企業《きぎょう》、成形メーカーが関わる。伊藤忠《いとうちゅう》の持つ企業秘密《ひみつ》も使い、消費財メーカーなどと協力して製品化する。完成品は値《ね》段《だん》が多少張るものの、消費者に受け入れられると判断した。

　ごみを集めるのは長崎県対馬《つしま》市。年に約2万立方メートルが漂着《ひょうちゃく》し、日本で最も海のごみが多いとされる

「プラスチックは使い方を間違えると環境問題を引き起こす。どうにかしないと」。取引先にはポリタンクと完成品の買い物かごを持参し、事業の狙《ねら》いを説明する＝東京都港区、林敏行撮影

地域《ちいき》だ。地元は景観汚染《おせん》と回収《かいしゅう》負担《ふたん》に頭を悩《なや》ませている。

現地を訪れると、険しい山々を越えた先に美しい海が広がっていた。だが、波打ち際にはプラスチックや流木《りゅうぼく》、漁具《ぎょぐ》といった国内外の無数のごみが打ち上げられていた。

「対馬でビジネスモデルを確立し、世界に広げたい」。

小林拓矢《こばやしたくや》さんに聞いてみよう

Q なぜ、海岸に漂着したプラスチックごみに着目したのですか。

A プラスチックの負の側面が問題視されるようになってきました。特に海洋ごみです。海で漂流すると粉々になり、マイクロプラスチックとして拡散します。

海に流入するプラスチックごみは推計《すいけい》で年800万トンに達し、生態系に悪影響《えいきょう》を及《およ》ぼしています。海岸に漂着《ひょうちゃく》したプラスチックが引き起こす景観被害《ひがい》も深刻《しんこく》です。

一方、伊藤忠《いとうちゅう》商事は年341万トンのプラスチックを扱《あつか》っています。ディストリビューター（卸売業者《おろしうり》）として世界2位の数量で、**プラスチックの負の問題に向き合う責任があります**。実際、長崎県対馬市《つしま》のように困っている地域《ちいき》があります。そこに寄り添《そ》った仕事を打ち出すのは意義のあることだと思いました。

Q

プラスチックの一種であるナイロンを扱う貿易は面白かったのでは？

Q 事業化の経緯《けいい》は？

A

「売り」と「買い」の差益でもうけを出すトレード業務にはまりました。トレードがやりたくて商社に入ったわけですし、商売の基礎《きそ》も学びました。

でも、素材の仕入れ先と納入《のうにゅう》先の板挟《ばさ》みになっていることに気づきました。価格以外のところで提供できる「価値《かち》」があるのではないか、と思うようになったのです。

脱《だつ》プラスチックの機運が高まってきたこともあります。**消費者目線に徹《てつ》し、社会課題の解決につながる新しいビジネスを構築したいと考えました。売り手と買い手、世間にとって望ましい「三方《さんぽう》よし」の商売を実現するために、**です。SDGs（持続可能な開発目標）にもつながります。

A

伊藤忠《いとうちゅう》が２０１９年に出資した米環境ベンチャー「テラサイクル」が、日本で海洋プラスチックごみを再活用する試みをしていました。

僕《ぼく》らは出資前から海洋ごみの問題を認識《にんしき》し、事業化する必要性を感じていました。そこで、対馬《つしま》発のビジネスに取り組むことに決めました。**海洋ごみ由来の日用品が流通し、ブランドとして確立すればビジネスとして回っていくだろう、と。**「ＢＥＡＣＨ《ビーチ》 ＰＬＡＳＴＩＣ《プラスチック》」などの名称《めいしょう》で商標登録されました。

Q 海洋プラスチックごみは劣化《れっか》しています。品質は？

A

回収《かいしゅう》したポリタンクの中から使えるものを選び、不純物《ふじゅんぶつ》を取り除《のぞ》きます。その後、伊藤忠が対馬市に導入する設備で破砕《はさい》し、リサイクル企業《きぎょう》の新興産業（福岡市）へ運びます。徹底的に洗浄し、吸着物を取り除いたうえで粉砕します。第三者機関に依頼《いらい》し、製品に有害化学物質が入っていないことも確かめます。

エコマーク事業を運営する日本環境協会は2021年12月、海洋プラスチックごみを再生利用した製品を認定《にんてい》する際の基準案を公開しました。**国際標準規格（ISO）に準拠《じゅんきょ》した環境ラベルでは世界初のことで、有害物質の使用や工場排水《はいすい》の管理などで厳《きび》しい項目《こうもく》を掲《かか》げています。**

僕らはエコマークの基準案に沿った対応をしており、適合する製品は再生プラスチックの配合比率が10％以上となります。

Q なぜ、伊藤忠では こうしたビジネスができるのでしょうか？

A

総合商社として、商材の川上《かわかみ》から川下《かわしも》までに関わっているからです。リサイクル企業《きぎょう》、石油化学メーカー、成形メーカー、小売りといった具合に数え切れない会社と取引があります。社員も専門的《せんもん》な知見《ちけん》を得ています。

そうした中で、海洋プラスチックごみを再加工できる技術を獲得《かくとく》していきました。環境問題は1社では解決できない大きなテーマなので、協力企業と取り組むことが欠かせません。

Q

課題はどこにありますか？

A

一般《いっぱん》に、販売《はんばい》数量を増やせば、売り上げと利益が増えます。でも、これはやみくもに量を追い求めるビジネスではありません。海洋プラスチックごみをなくすための事業だからです。そこが難《むずか》しい。採算《さいさん》のとれる数量は求めます。

Q

では、この事業でカギを握《にぎ》るのは何でしょうか？

A

商売の肝《きも》は、海洋ごみ問題の解決につなげる事業だという価値観《かちかん》を企業や消費者に広く共有してもらうことです。海洋ごみ由来の製品をブランドとして認識《にんしき》してもらう必要があります。

Q

普及《ふきゅう》活動が必要ではありませんか？

A

海洋ごみに由来する世界初のポリ袋が、２０２０年11月に製品化されました。まずは対馬市《つしまし》と長崎県に無償《むしょう》で計10万枚寄贈《きぞう》し、海岸の清掃《せいそう》活動に使ってもらいます。

ポリ袋《ぶくろ》のニュースが新聞で報じられると、他の地域《ちいき》で回収《かいしゅう》したごみも活用してほしい、という話が寄せられました。東京学芸大学附属竹早《たけはや》小学校（東京都文京区）では、一連の取り組みが授業で取りあげられる予定です。共感の輪が広がって欲しい。海洋ごみをテーマにした絵本をつくる夢もあり、子どもが環境問題を考えるきっかけにしてもらいたいと願っています。

新聞掲載：2021年1月30日

SDGsを
実践する
3

科学技術でSDGsを追求
社会を鼓《こ》舞《ぶ》したい

素材会社「TBM《ティービーエム》」代表取締役CEO
山《やま》﨑《さき》敦《のぶ》義《よし》

だんじり男と石灰石《せっかいせき》と地球

その素材。紙ではない。プラスチックでもない。でも、ある牛丼《ぎゅうどん》チェーンやすしチェーンのメニュー表は、その素材でつくられている。アパレル店のレジ袋《ぶくろ》や、ホテルチェーンのアメニティーグッズもそうだ。

その素材。**主な材料は、資源《しげん》のない日本でも自給自足でき、地球全体だと、何千億トンもあるとされる石だ。**

石灰石！

英語でライムストーン。無限の可能性を表す「X（エックス）」と組み合わせ、素材に「ライメックス」と名がついた。

■できることはすべてやる

紙と違《ちが》って生産にほとんど水はいらず、水資源を守れる。森林伐採《ばっさい》、必要なし。プラスチックの利用を減らせるし、石油の枯渇《こかつ》も防げる。回収《かいしゅう》の仕組みが整えば、もちろんリサイクルできる。

この素材を開発する「TBM《ティービーエム》」と

右から新素材の材料である石灰石、新素材でつくったおわん。そして本人。スーツの襟にはSDGsのバッジが（写真3枚を合成しています）＝東京都中央区

いう会社の最高経営責任者だ。

大阪は岸和田《きしわだ》の生まれ。幼《おさな》い頃《ころ》から激《はげ》しい「だんじり祭」に参加し、地域《ちいき》や仲間に尽《つ》くす「献身《けんしん》」の心を育んでいく。中学を出て大工《だいく》になり、20歳《さい》で中古車販売《はんばい》業を始めた。

30歳、初めての欧州《おうしゅう》。バチカンのサンピエトロ大聖堂《だいせいどう》、その前に立つ。歴史の重みに、しばらく動けず。

〈ちっぽけな俺《おれ》にだって、歴史への責任があるんやないか〉

何ができるかモヤモヤすること約5年。２００８年、台湾《たいわん》製の、石灰石《せっかいせき》でつくられた紙のようなもの、ストーンペーパーを手にする。

〈おもろそうや〉

軽～い気持ちで日本への輸入業者になった。商社や自動車メーカーに商談に行くと、口々に言われた。「この素材を磨《みが》いて広げれば、地球の問題解決につ

プロフィール

1973年 大阪府岸和田市生まれ。中学卒業後、大工に。20歳で中古車販売業を始める。

2008年 ストーンペーパーの輸入業者に。2011年、TBM《ティーピーエム》を起業。「時代の架け橋に」の思いで、Times Bridge Management《タイムス ブリッジ マネジメント》の頭文字をとった。

2014年 日本ニュービジネス協議会連合会の「ニッポン新事業創出《そうしゅつ》大賞」で震災《しんさい》からの復興に貢献《こうけん》するとして復興賞を受賞。その後、革新性やベンチャー精神で日本、米シリコンバレーなどで数々の賞を受ける。

2018年 気候変動対策《たいさく》に取り組む企業《きぎょう》などのネットワーク「気候変動イニシアティブ」に参加。

★「山﨑さんは、自分の存在意義を全うするために異常《いじょう》な動力を爆発させる人」と、「株式会社2100」CEOの国見昭仁《くにみあきひと》さん。

岸和田だんじり祭には今も参加している

★社員約310人。本社は東京・日比谷《ひびや》。町屋《まちや》、新大阪、名古屋などに拠点《きょてん》、京都と米カリフォルニア、ベトナムに子会社がある（2024年7月時点）。

ながるぞ」。

台湾《たいわん》のメーカーに、「重いので軽くしてほしい」などと質の向上を提案するも、対応してくれない。

〈だったら俺《おれ》がやる。地球を守る。それが自分の歴史への責任や〉

思いに共感し、科学技術者や経営のエキスパートが集った。高い志《こころざし》の若者《わかもの》も来た。

微小《びしょう》なすき間をつくって軽くしたり、材料に一部使っていた石油由来の樹脂《じゅし》を、植物由来のものに変えた

10月にオンラインであった「朝日地球会議」でパネリストを務めた。新素材でできたレジ袋やメニュー表の説明に力が入る。「いっしょに地球を守りましょう」＝東京都中央区

り。40を超《こ》える国で特許を取得、素材を提供した会社は1万社を超える（2024年7月現在）。**技術を広げたいと世界を回った。目にしたのは貧困の現実であり、環境破壊の現場だった。**

〈できることはすべてやる〉

持続的な世界をつくる国連の目標SDGs。その17の目標すべてに取り組むぐらいの意気込《ご》み。モンゴル、中国、そしてサウジアラビアでの生産に向けた準備、検討《けんとう》が始まっている。

だんじり男は、地球と歴史に献身《けんしん》する。

ここが気になる!

LIMEX《ライメックス》にはどんな使い道があるの？

LIMEXの原料は石灰石《せっかいせき》の粉末《ふんまつ》だ。木を伐採《ばっさい》する必要がないほか、一般ごみとして捨てられるので、CO_2排出《はいしゅつ》量の削減《さくげん》にもつながるという、いいことずくめなのだ。水に強いのも特徴のひとつで、ショッピングバッグ、名刺《めいし》、チラシ、ポスターなど、耐水性《たいすいせい》・耐久性を求められる印刷物に使われているほか、近年、防災《ぼうさい》マップやハザードマップにも適《てき》していると注目されている。

山﨑《やまさき》敦義《のぶよし》さんに聞いてみよう

Q

石灰石《せっかいせき》が主原料の新素材「ライメックス」。苦労話がありそうです。教えてください。

A

私は中卒の元大工《だいく》です。科学技術者ではありません。だから、**紙とプラスチックの代わりになる素材をつくりたいと話しても、「できるわけない」とさんざん言われました。**いずれ地球規模《きぼ》の挑戦《ちょうせん》になると確信していましたので、あきらめず、たくさんの方に思いを語りました。

日本製紙の元専務《せんむ》、ヤフーの元執行《しっこう》役員といった人たちが入社してくれました。投資家が出資してくれました。開発を始めてからまもなく、ある程度の目鼻はつきました。けれど、売れるものをつくるまでに苦労しました。

Q どんな苦労がありましたか？

A 最初に名刺《めいし》の製品化に着手したのですが、インクが指についたり、字がはげたり。こしがなかったのでゴムを加えたら、名刺入れに入れた名刺がひっついて配れなくなってしまったこともあります。まともなものをつくるのに1年半かかりました。今は弊社《へいしゃ》のサイトをはじめ、オンライン上で名刺を注文していただけます。

Q 技術的な課題は？

A 石灰石の主成分である炭酸カルシウムと、ポリオレフィンなどの石油由来の樹脂《じゅし》や添加剤《てんかざい》とを混ぜて加熱してつくりますが、混ざりかたを均一にしなくてはなりません。紙やプラスチック並《な》みに軽量化するためには、素材の中に空気の隙間《すきま》をつくらなくてはなりません。

そのために素材を引き伸《の》ばすのですが、引き伸ばしかたも均一にしなくてはなりません。つまり、素材すべての品質を同じにするのが大変だったのです。研究開発が進み、現在は植物由来の樹脂を使った素材もつくっています。

宮城県に専用《せんよう》工場をつくり、地元の雇用《こよう》を生みました。さらに、既存《きそん》

のプラスチック工場などで生産できるようにしました。各国にすでにある工場でつくれれば、世界に早く広がるのではと考えたからです。もっとも、その技術検証にも時間がかかりました。

Q SDGs（国連の持続可能な開発目標）の17の目標すべてに取り組むぐらいの意気込みだとか。

A

選んで集中的にするべきだという指摘《してき》があるのは承知《しょうち》しています。でも、チャレンジは幅広《はばひろ》くして、どこまで挑戦《ちょうせん》できるかを考えたい。そのうえで、重要テーマを決めて取り組みます。

日本にいると切羽詰《せっぱつ》まった感じはないかもしれません。でも、外国の現状を見たら、できることは何でもしたいと思うはずです。

Q それが、モンゴルでの生産プロジェクトにつながるのですね。

A

ゲルという移動式住居で暮《く》らす方が少なくありません。冬場はマイナス40度にもなり、石炭を燃やして暖《だん》をとる。その結果、大気汚染《おせん》で人が亡《な》くなっています。

本当はマンションに住みたいけれど、貧しいからという理由でゲルに住む人がかなりいるんです。貧困《ひんこん》をなくしたい、働きがいや経済成長のために手助けしたいと思うのは、人として当然です。

世界に名が響《ひび》く産業に乏《とぼ》しいモンゴルですが、石灰石《せっかいせき》は豊富です。水をほぼ使わなくてもライメックスは生産できるので、輸出産業にしてモンゴルの未来を築きたいのです。もっとも、新型コロナウイルスの影響《えいきょう》で遅《おく》れが出てしまいましたが。

東南アジアなどへの技術輸出も進めます。現地に産業をつくり、雇用《こよう》を生み出す。循環型経済《じゅんかんがたけいざい》を実践《じっせん》して世界の水を守り、森林資源《しげん》を守る。石油の枯渇《こかつ》を防ぐ。尽力《じんりょく》します。

Q 実現可能ですか？

A 「石灰石を燃やしたらCO2が出る。本当に環境のためになるのか」などと言われることがあります。**疑《うたが》うな、とは言いません。でも、せめて、地球を持続させなくてはと頑《がん》張《ば》っている企業、人の足を引っ張らないでほしい。地球はピンチなんです。**日本の科学技術を使ってSDGsを追求することはビジネスとして成立する。それを証明し、社会を鼓舞《こぶ》したいですね。

Q

CO2を出さないようにするために、捨《す》てるときに分別し、リサイクルすることが大切ですね。

A

仕組みが不十分なため、今は各自治体のルールに従《したが》って捨《す》ててください。けれど用途《ようと》が広がって普及《ふきゅう》し、分別回収《かいしゅう》の仕組みが整えば、リサイクルは容易です。

分別廃棄《はいき》が常識になったペットボトルも時間はかかりました。**つくる人も使う人も、ソーシャルコストは負担《ふたん》しなくてはならない。その思いを共有し、きめ細かに分別している日本だからこそ、世界のお手本になれると思います。**

Q

仕組みをつくるカギは何でしょうか?

A

企業《きぎょう》、大学、官公庁《かんこうちょう》、自治体の皆《みな》さんのご理解を得てパートナーになってもらい、用途拡大、共同研究を進めることだと思います。SDGsの17番目に「パートナーシップで目標を達成しよう」があります。まさに、これです。多くの方々を巻《ま》き込《こ》みたいですね。

 新聞掲載：2020年11月7日

Column もっとくわしく知りたい！

リアルな現場の最前線

SDGs17の目標を知っておこう！

SDGsは人権《じんけん》、経済《けいざい》・社会、地球環境など、さまざまな分野の課題に分かれており、全世界をあげて実現したい17の目標を掲《かか》げている。

「1. 貧困《ひんこん》をなくそう」をはじめ、「2. 飢餓《きが》をゼロに」、「3. すべての人に健康と福祉《ふくし》を」、「6. 安全な水とトイレを世界中に」などの目標は、日本に住んでいると当たり前と思っていることが、他国ではそうではないということを教えてくれる。

近年、日本でも貧困に悩《なや》む人が増えてきている。誰《だれ》一人取り残されることなく暮《く》らし続けられるよう、世界中の課題を解決するために、私たちも「SDGs17の目標」を知っておこう。

SDGsを
実践する
4

有機農業を軸《じく》にしたムーブメントを起こしたい

千葉県いすみ市職員
鮫《さめ》田《だ》晋《しん》

人々を巻き込み有機米《ゆうきまい》で給食

サーフィンができるまちに暮《く》らそうと、東京の会社勤《づと》めを辞《や》めて房総《ぼうそう》半島に来て15年。気づけば「**お役所仕事をしない公務員**」になっていた。いすみ市の農林課主査《しゅさ》という一職員ながら、**米の有機栽培《さいばい》を根づかせ、100%有機米の学校給食を実現させた仕掛《しか》け人だ。**

■現場の現実を変えないと何も進まない

「有機米の給食で育つことで子どもたちの地域《ちいき》への思いは変わります」。ロマンを語る人かと思うと、プレゼン資料を手に「事業展開《てんかい》は『実績』と『スピード感』が大事」とたたみかけてくる。この情熱と冷静さが、里山の人たちに火を付けている。

10年前、市は「環境と経済《けいざい》の両立」を政策《せいさく》スローガンに掲げた。農薬や化学肥料を使わない有機農業は話題にはなるが、役所はなかなか本腰《ほんごし》にならない。

2013年、プロジェクトの担《たん》当《とう》になりゼロから農業の勉強を始めると、冷《ひ》ややかな周囲とは逆に、有機こそいすみに合っていると感じた。**「まち全体の持続可能性につながり、市場の競争力も減農薬とは大きく違《ちが》う」**。田んぼ3枚、わずか

残暑《ざんしょ》の中での収穫《しゅうかく》。昨年より1反《たん》あたりの収穫高が上がりそうだと聞いて笑顔に。「努力家。こちらの追いつかない技術的なことをよく勉強してくれている」。ずっと一緒《いっしょ》にやってきた農家の矢澤喜《やざわき》久雄《くお》さん（左）は言う＝千葉県いすみ市

22アールからの出発。市の予算での栽培《さいばい》の実証試験を提案し、実現させた。「『誰《だれ》もやらないことは自分の仕事』というモットーに従《したが》った。私も里山の一員ですから」。

有機農業の経験者はいない。要《かなめ》となる栽培技術は、最適と思える指導者を探《さが》しあて、農家と一緒《いっしょ》に体を動かす。

言い出した以上、空振《からぶ》りするわけにはいかない。昼間は田んぼでイネの成長を確かめ、夜はパソコンと向き合う。協力農家の「新しいことはおもしろい」という言葉が励《はげ》みだった。

「いすみっこ」と後に名付けられる米を前に、市外に売るより給食に使いたい、という声が出た。価格は農家が生産を続けられる60キロで2万円は維持《いじ》し

プロフィール

1976年 山梨県生まれ、埼玉県育ち。立教大学時代にサーフィンを始める。現在のいすみ市内にあるアパートを拠点《きょてん》にしていたサーフィン仲間に加わる。キャンパスよりも海にいる時間の方が長かった。

★就職《しゅうしょく》氷河期の2000年にシステムキッチンメーカーに就職。営業職となり、野武士集団と呼《よ》ばれる先輩《せんぱい》らに鍛《きた》えられた。

2003年 岬町職員に。3町合併《がっぺい》で12月にいすみ市が誕生《たんじょう》。教育委員会で子どもの体力向上プロジェクトを担当《たんとう》。子どもが変わることで、大人も変わると実感した。

2010年、新婚旅行先のハワイ・オアフ島で

2013年 「自然と共生する里づくり連絡《れんらく》協議会」のプロジェクトの担当に。翌年、現在の農林課へ。

2020年 いすみ市が農林水産省主催《しゅさい》のコンクールの有機農業・環境保全型農業部門で農林水産大臣賞、有機農業による地域の食文化の創成《そうせい》で辻《つじ》静雄《しずお》食文化賞を受賞。

たい。これまで給食で使っていた米との差額を市が補《おぎな》う形に落ち着いた。

13の小中学校の給食で、100％有機米《ゆうきまい》を達成したのは2年前。有機農産物は安全志向の強い都市の消費者向けも多いが、いすみの子は誰《だれ》もが有機米を食べて育っていく。

「**市民から応援《おうえん》の声が届《とど》いたことも大きい。地域《ちいき》の後押《あとお》しで行政は動けます**」。有機米は今年の実績で面積25ヘクタール、生産量は見込《みこ》みで100トンの規模《きぼ》に。学校では田んぼを活用した環境教育も拡大《かくだい》中だ。

人口3万7千人のまちは今や全国から視察《しさつ》が絶えない。最近はオンラインでの勉強会に頻繁《ひんぱん》に声がかかる。「理想の食育」と期待され、地方に活路《かつろ》はあるのか、と問われる。

「私たちの取り組みに『希望』を見つけてくれているようです」。有機農業を軸《じく》にしたムーブメントを起こしたい。大人も子どもも、巻《ま》き込《こ》んでいく。

給食用の畑で有機農家の近藤《こんどう》立子《りつこ》さん（中央）らと撮影。この日は、「香りが全然違う」と人気のニラを収穫していた＝千葉県いすみ市

鮫《さめ》田《だ》晋《しん》さんに聞いてみよう

Q

サーフィンがなければ、いすみ市の米作りに関わることもなかったと思うと、まさに縁ですね。

A

学生時代から何度通ったか数えきれませんが、移住するまでは海岸沿《ぞ》いしか知らなかったので、水田と森が連なる景色は違《ちが》う世界に来たようでした。農業に関しても、大事なことを何も知りませんでした。

Q

米の有機栽《さい》培《ばい》にはどんなポイントが？

A

たとえば雑草対策《たいさく》の一つに「深水管理《ふかみず》」があって、通常の田より水を深く張って草が出てこられないようにします。指導者を招いたのはプロジェクト2年目で、今回失敗したら後がないという状況《じょうきょう》でした。

田植えから40日間が勝負と教わり、3カ所あった田んぼを毎日、車で回り、水が足りているか確かめて、農家が他の作業で手が回らないときは代わりに水を入れました。

「有機なんてできっこない」と言われてきて、そんな相手の顔も浮《う》かぶし、必死です。最初に手を挙げてくれた農家の矢澤喜久雄《やざわきくお》さんらの恩《おん》にも報《むく》いたかった。無事に秋を迎《むか》えて本当にホッとしました。

春に泳いでいたオタマジャクシは、夏にカエルになって米作りの害虫カメムシを食べてくれる。いろんな循環《じゅんかん》を実感できます。

Q

誰も有機農業のノウハウを持たない中での大胆なスタートで、事業の進め方はどう学んだのですか？

A

いすみ市は、コウノトリを復活させたことで知られる環境保全型農業の先進地・兵庫県豊岡市《とよおか》をお手本にしています。私も資料をかき集め、影響《えいきょう》を受けました。

後に方向転換《てんかん》しましたが、いすみ市でも豊岡のようにコウノトリの飼育ができないかと検討《けんとう》していた時期もありました。

その豊岡が会場になった研修会があり、農業の担当者《たんとうしゃ》を訪《たず》ねると**「環境に良い米を高く売ろうといった単純《たんじゅん》な発想はいけません」と釘をさされました**。これから事業を組み立てようというそのときの私に、必要なアドバイスでした。

Q 甘く考えるなということでしょうか？

A 地域《ちいき》全体が魅力的《みりょくてき》にならないと、人を引きつける米にはならない、ということでしょう。

研修会場などに先を行く自治体が集まっているとキラキラしていて、早くそちら側に入りたいとかき立てられました。

地元に戻《もど》ったときに感じるギャップは大きい。けれど、こちらが自分の現場なんですね。向き合っている現実の方を変えなければ、何も進みません。

Q 参加する農家はどのように増えたのですか？

A

米価の落ち込《こ》みに対し、コスト重視《じゅうし》で作業を効率化したい慣行栽培《かんこうさいばい》（その地域《ちいき》で一般《いっぱん》的に行われている生産方法のこと）の現状と、手をかけても特別な米を作る有機は、方向が違《ちが》う。**移住して自給的な農業を始めた人に共感してもらえても、元々の慣行農家から「関係ない」と見られては失敗です。**

悩《なや》んでいたところで、地元で有数の大規模《だいきぼ》農家が「市が有機でいくなら付き合うよ」と加わって、よい流れを作ってくれました。

勧誘《かんゆう》もしていきますよ。名人と呼《よ》ばれる職人的農家は、よい米作りへの欲求《よっきゅう》があって、有機栽培と接点があれば興味を示す。実際に質の高い米を出してくれます。キャラクターの違《ちが》う農家が集まって、事業を強くしてくれます。

Q 「いすみ教育ファーム」と名付けた田んぼの総合学習について教えてください。

A 給食と並行《へいこう》してどうしてもやりたかったことです。**食べているものの背《はい》景《けい》が見えるし、直接子どもたちに話ができる貴重《きちょう》な場。田んぼを教材に小学5年生と1年を通して勉強しています。**

地元で長く自然保護活動をして私たちを支えてくれる手塚幸夫《てづかゆきお》さんと、年15回通います。

実施《じっし》は1校ですが授業をもとにしたテキストは全校に配られました。学校水田を有機で始めたところもある。先生から「お米ができたら子どもたちが売りたいと言っている」と連絡《れんらく》が来て、「それだけとれたらいいですね」と。

Q

市の給食センター長は「うちのはすごくおいしい」と胸を張っていますが、いかがですか？

A

お米だけでなく、2年前から有機栽培《さいばい》の野菜も給食で使うようになりました。今はニンジンや小松菜など7品目。「給食に出すのが夢です」と農家の方から連絡《れんらく》がきたのです。

給食は調理が機械化され、野菜の規格も厳《きび》しいのですが、給食センター側と話し合って柔軟《じゅうなん》に対応してくれています。私ができるのは、栄養士さんたちを畑に誘《さそ》うこと。歩み寄りがはじまります。

Q

日本の有機農業の耕地面積はまだ全体の0・5％。いすみはこの先どんな方向に進むのでしょうか？

A

有機米《ゆうきまい》の面積は市内の水田の1・4%までできた。追い風の間に農家も面積も増やしたい。地域《ちいき》の外に、長いつきあいができる取引先を開拓《かいたく》しようと動いています。

安定した需要《じゅよう》があれば農家も経営を考えやすく、他県の農家と交流の機会もできるでしょう。**小さなまちの成果が、違《ちが》うまちで役立つ日が来るといいなと思っています。**

 新聞掲載：2020年10月3日

Column もっとくわしく知りたい！

リアルな現場の最前線

有機農業にはほかにどんな方法があるの？

有機農業とは、化学的に合成された農薬や化学肥料に頼《たよ》らず、安全で商品価値の高い作物を栽培《さいばい》する方法だ。また、遺伝子組換《いでんしくみか》え技術を利用しない、環境に配慮《はいりょ》した農業方法だとも言われている。
例えば、水田にアイガモを放ち、害虫や雑草を除去《じょきょ》してもらう「アイガモ農法」や数種類の有機物を混ぜ、微生物《びせいぶつ》によって分解・発酵《はっこう》させた「ぼかし肥料」を使った栽培法など、化学肥料や農薬を使わない工夫がされている。一方で、手間やコストもかかるので一般《いっぱん》的な方法で栽培された農作物に比べ高価なことも多い。そのため、なかなか普及《ふきゅう》が進まず、日本の課題となっている。

SDGsを
実践する
5

竹林の資源《しげん》を余すことなく活用する

ワカヤマファーム社長
若山太郎《わかやまたろう》

竹林を宝の山へ、広がる可能性

国産メンマの原料を食品メーカーが買い取る仕組みをつくり、放置竹林問題の解消や地方の雇用《こよう》創出《そうしゅつ》につながるビジネスモデルの確立をめざす。

宇都宮《うつのみや》市北部の日光街道近くに広がる約24ヘクタールの「若竹《わかたけ》の杜《もり》 若山農場」を運営する「ワカヤマファーム」の社長。農場のうち東京ドーム約5個分弱、21ヘクタールの敷地《しきち》に10万本の竹が育つ。日本最大規模《さいだいきぼ》を誇《ほこ》る竹林《ちくりん》だ。

タッグを組んだのは、メンマの国内シェア3割《わり》を占《し》める食品メーカー「丸松《まるまつ》物産」（東京）。ワカヤマファーム産の孟宗竹《もうそうちく》を原料にしたメンマを4年かけて

竹林を案内する若山《わかやま》太郎《たろう》さん。今秋、一部が開花した。「とてもまれで、一生に一度見られるかどうか」。イネ科の竹は開花すると稲穂《いなほ》のようにこうべを垂《た》れ、枯《か》れてしまうという＝宇都宮市

開発し、2022年7月から新商品として売り出した。メンマ特有のくせのあるにおいがなく、歯切れのよい、シャキシャキした食感が特徴《とくちょう》的だ。

竹害《ちくがい》は全国的に深刻《しんこく》だ。竹林は手入れをしないで放っておくと拡大《かくだい》し、周辺の樹木《じゅもく》を枯《か》らしてしまったり、土砂《どしゃ》災害の原因になったりする。

■全国で連携を

ワカヤマファームのタケノコは東京の老舗料亭《しにせりょうてい》でも使われてきた。以前から竹害対策《たいさく》として日本に広く生育する孟宗竹《もうそうちく》

でのメンマ開発を研究していたところ、食材にこだわるラーメン店が増え、国産メンマの待望論が高まっていることも追い風になった。

日本国内で消費されるメンマのほとんどが中国や台湾産《たいわんさん》の麻竹《まちく》で作られたも

プロフィール

1968年 宇都宮《うつのみや》市生まれ。家族は両親と弟。祖父の代で竹と栗の農業を始めた。「農業とは土づくりに在り」が信条。

1987年 東京農業大学に進学。「実家の仕事に興味が湧かず、戻るつもりもなかった」。造園学を学び、卒業後は造園施工《せこう》会社に就職し、関連会社の社長も務めた。

2000年 古里にUターンし、父の後を継いで若山農場の代表となった。2017年2月に農場を管理する「ワカヤマファーム」として株式会社化し、社長に就任。2024年現在、社員は17人。

2014年 映画「るろうに剣心　伝説の最期編」のロケ地になり話題となるなど、竹林が映画やCMなどに使われるようになった。

★妻と2人暮らしで、3人の息子のうち次男が自社で働く。海が好きでダイビングは学生時代からの趣味だが、2017年には竹林を一般公開し始め、観光業のため、「一年中、仕事をしています」。

幼かったころの息子たち、妻と＝2002年1月1日、若山太郎さん提供

の。原料の海外依存《いそん》からの脱却《だっきゃく》を図りたい丸松《まるまつ》物産と若山《わかやま》さんの思いが合致《がっち》した。

丸松物産はワカヤマファームとの事業化を契機《けいき》に、幅《はば》広く農家や林業従事者《じゅうじしゃ》からタケノコを買い取る仕組みをつくり、生産拡大《かくだい》に発展《はってん》させたいと考えている。農家や林業従事者の副収入《ふくしゅうにゅう》や新たな雇用《こよう》創出《そうしゅつ》への期待もある。

350年続く農家の長男。竹材の需要《じゅよう》が減り苦労する父の姿《すがた》を見て、

直売所でワカヤマファームの従業員らと話す若山太郎さん（中央）。インバウンド客の回復を期待しているという＝宇都宮市

「実家にはもう戻《もど》らない」と決め、東京の大学で農業ではなく造園を学び、造園の施《せ》工《こう》会社に就職《しゅうしょく》した。あるとき、海外視《し》察《さつ》先で、オフィスビルの中庭に竹が植えられている光景に出合った。**「竹は近代建築の中によく映《は》え、新しい日本らしさを演出できる」と、実家の竹を融《ゆう》通《ずう》するうち、自ら生産もしようと家業を継《つ》いだ。**

丸松物産の松《まつ》村《むら》大《だい》輔《すけ》社長は「若山さんは**常に新しいことをしようという探求心《たんきゅうしん》がある**」と話す。若山農場は「るろうに剣《けん》心《しん》」など映画やCMのロケ地として何度も登場しており、それが話題になったことから、2017年には農場を観光向けに開放した。

竹は環境に優《やさ》しく、SDGs（持続可能な開発目標）にも通じる、と力を込《こ》める。「竹林が宝の山に変わる日が近づいている。放置竹林を改善《かいぜん》してラーメンも改《かい》革《かく》したい」。竹産業を背負って立つ覚《かく》悟《ご》だ。

若山太郎《わかやまたろう》さんに聞いてみよう

Q

放置竹林が全国で広がっていますが、どういう状況なのですか？

A

竹は手付かずになると、竹林の外の畑や造成林に広がっていきます。タケノコはたった2カ月で大きな竹に成長し、最長20メートルにも達します。**密《みつ》になって覆《おお》い被《かぶ》さり、下の方には日が届《とど》かず、他の植物を枯《か》らしてしまいます。**

かつては竹を切れば竹材になったのですが、これはもう需要が少ない。だから放置竹林が増えています。

竹になると処分《しょぶん》が大変なので、一番いいのはタケノコのうちに取ってしまうことですが、タケノコの収穫《しゅうかく》時期は短くて年に春の1カ月だけ。伸《の》び過ぎると商品価値は下がってしまうものの、食感がメンマにちょうどよく、メンマの原料になります。

Q 国産メンマに取り組み始めた契機《けいき》は？

A 10年近く前、農場の近くにある人気ラーメン店から、「国産メンマを作れないか」と相談されました。

中国産など麻竹《まちく》を原料とした通常のメンマは、発酵《はっこう》させた独特のにおいがあります。

そこで中国や台湾《たいわん》に視察《しさつ》に行き、日本になじみのある孟宗竹《もうそうちく》で発酵させてメンマを作ったの

ここが気になる！

ほかにもある日本の「放置」問題!?

日本の放置問題としては、ほかに「空き家」問題がある。例えば、相続した実家が遠方にあり、管理ができない場合。また、高齢《こうれい》により手放した家を誰《だれ》も相続せず、取り壊《こわ》しもされず放置されている場合もある。現状を保持できれば問題ないのだが、老朽化《ろうきゅうか》による倒壊《とうかい》、放火や漏電《ろうでん》による火災などの危険《きけん》があり、放置できない問題になっているのだ。

です。味や食感はよかったのですが、その独特なにおいが出せなかったことから、メンマとしては物足りず、挫折《ざせつ》しました。

ところが最近では、そのにおいがかえってこだわりのラーメン店などで敬遠《けいえん》されてもいます。

時代は無臭《むしゅう》を求めていると思い、試みを再開しました。丸松《まるまつ》物産との共同開発で、原料を発酵《はっこう》させないで、納得できるメンマを完成させました。

Q

放置竹林の整備を目的に、全国各地でメンマを作る住民主体の活動が立ち上がっていますね。

A

竹林を改善《かいぜん》していこうとする方向は、我々と基本的に一緒《いっしょ》です。共に始めました。

しかし、それらの活動は地産地消の色合いが濃《こ》く、一方で、我々は丸松物産のような有力な販路《はんろ》を持つ企業《きぎょう》が介在《かいざい》することに意義があると考えます。資金力のある企業が全国から原料を買い取れば商業ベースに乗り、農家の所得向上につながります。

原料の大量生産はまだできません。**全国各地の農家と連携《れんけい》し、この仕組みを広げていきたい**です。タケノコの処理《しょり》が面倒《めんどう》なら、うちが買い取ることを考えています。

Q 大学卒業後、すぐには家業のタケノコ農家を継《つ》がなかったのはなぜ？

A

以前は農業に興味がなく、家業を継ぐ気はありませんでした。父は苦労ばかりで売り上げも多くありませんでしたし。

サオやカゴなどの竹製品は、高度経済成長期にプラスチック製やアルミ製に取って代わられ、竹の需要《じゅよう》が減りましたので。

東京の大学では「都市環境の中に植物を組み込《こ》みたい」と思って農業ではなく造園を学びました。

就職《しゅうしょく》した東京の造園施工《せこう》会社では、高層《こうそう》ビルの立ち並《なら》ぶ近代建築の中で、どうしたら日本らしさを出せるのかと考えていました。

１９９８年に、視察《しさつ》で米国ニューヨークを訪《おとず》れました。ＩＢＭ本社ビルの中庭に竹が植えられていて、魅《み》了《りょう》されました。コンクリートやガラスなどの無機質なものと、緑で空に

真っすぐに伸《の》びる竹との相性がとてもよかったのです。**日本に戻《もど》り、近代的な空間の中に竹林の風景を持ち込むことを提案しました。**

Q 2000年に故郷の宇都宮《うつのみや》に戻《もど》った理由は？

A

竹の植栽《しょくさい》は、高層《こうそう》ビルや複合施設《しせつ》のインテリアとして順調に拡大《かくだい》しました。竹は実家に用意してもらったのですが、それなら竹の生産も植栽も一括《いっかつ》して自分がやればいいと考え、家業を引き継《つ》ぐことを決意しました。「竹林のすばらしさをもっと広めていきたい」との思いもありました。

戻った当初は想像以上に経営状態が悪かったのですが、竹の植栽で農場は増収《ぞうしゅう》に転換《てんかん》し、負債《ふさい》の解消も見えてきました。しかし、そこで（2008年の）リーマン・ショックが起こって都市開発が止まり、植栽の売り上げは最盛期の半分近くにまで減りました。

Q **その後も竹にこだわり、事業を軌道《きどう》に乗せていますね。**

A 竹林から分け与《あた》えられる資源《しげん》を余すことなく、隅《すみ》から隅まで活用するビジネスモデルをつくることが目標です。**農業を志す若者は少なくないですが、他の産業と同じくらいの収入《しゅうにゅう》を得られるようにしなければ成り立ちません。**

2014年に公開された映画「るろうに剣心《けんしん》 伝説の最期編」の撮影《さつえい》に協力し、ファンが訪《おとず》れるようになりました。映画やCMなどのロケ地として使われるのに加え、「竹を身近に感じてほしい」と2017年に一般《いっぱん》公開を始めました。日光に向かう観光客らが多く立ち寄ってくれます。そうすることで、農産物の直接販売《はんばい》につながり、収入も増えます。

私たちのタケノコは、東京市場では高級料亭《りょうてい》に納《おさ》められるブランドとして知られており、プライドもあります。しかし、さらなる工夫をし収益《しゅうえき》を見出さなければ、これからは成り立ちません。

竹は木陰《こかげ》を作り、見た目にもすがすがしさがあり、ヒートアイランド現象も解消してくれます。**竹は厄介者《やっかいもの》になってしまいましたが、竹の魅力《みりょく》を伝え、竹を好きになってもらい、竹の新しい居場所を見つけたい**です。

新聞掲載：2022年11月26日

SDGsにより「竹」が注目されている！？

「SDGs17の目標」（P50）にある「14. 海の豊かさを守ろう」では、私たちが使っている大量のプラスチックやペットボトルのごみが、海に流出していると指摘《してき》している。最近、日本のカフェでは、紙製のストローが出てくることが少なくない。これが「脱《だつ》プラスチック」の一例だ。そこで、注目を浴びているのが「サステナブル（持続可能な）素材」である竹だ。竹は成長スピードの速さと耐久性《たいきゅうせい》を買われているのだ。

竹パウダーは家畜《かちく》の飼料、竹炭は消臭剤《しょうしゅうざい》として人気で、竹紙のトイレットペーパーや文房具《ぶんぼうぐ》なども登場している。これからも竹の活用アイデアは湧《わ》いてきそうだ。

SDGsを実践する

6

持続可能性は消費者とのつながりがテーマ

有機栽培《さいばい》農家
井《い》村《むら》辰《しん》二《じ》郎《ろう》

千年耕せる農業、広げ続けて

金沢《かなざわ》市郊外《こうがい》、収穫《しゅうかく》間近の大豆畑はわずかに緑が残る。すでに茶色くなったさやを割ると、クリーム色の大豆が飛び出した。

石川県で約１８０ヘクタールを耕し、有機栽培《さいばい》で米、麦、大豆などを生産する。小規模《きぼ》が多い日本の有機農家の中では抜《ぬ》きんでたスケールだ。金沢市で続く農家の５代目。１９９７年に会社員を辞め、実家を継《つ》いだ。起業が話題になった頃《ころ》で、家業の農業こそ可能性があるように感じた。

「千年産業を目指して」を経営理念にした。千年後もこの地を耕し続けられる

よう持続可能性と生物多様性に資する農業をしたい。それには有機農業だ。当初は、家の作業とは別に、米と野菜を少量多品目で育て、消費者とつながる形を思い描《えが》いた。

■みそもしょうゆも自分で作る

だが、家の耕作面積は40ヘクタール。米、麦、大豆にスイカ。作業に追われ、手が回らない。ならばと父の反対を押《お》し切り、家の主要品目である麦と大豆を有機栽培に転換《てんかん》。試行錯《さく》誤《ご》して技術を磨《みが》いた。さらに、周囲の耕作放《ほう》棄《き》地《ち》を引き受け、面積

河《か》北《ほく》潟《がた》干《かん》拓《たく》地《ち》の大豆畑。腰までの高さに伸びた雑草も目立つ。草との闘《たたか》いは続く。大豆の収穫《しゅうかく》後は、畑に麦をまく＝金沢市

を広げた。

みそや豆腐《とうふ》など、収穫《しゅうかく》した有機農作物を使う食品製造も同時に手がけた。2002年、加工販売《はんばい》を担《にな》う「金沢大地《かなざわだいち》」を設立。現在は生産する麦と大豆のほぼ全量、米の半量を自社で製品化する。

「売る力と作る力は農業の両輪」と言う。指名買いを増やすため、消費者との結びつきを意識する。「麦や大豆は食品の原料になる農作物。食卓《しょくたく》で私たちの農場を意識して食べてもらうには、自分たちの顔が見える加工食品を作らないと」。

有機農業の普及《ふきゅう》や流通に長年関わってきた一般社団法人「フードトラストプロジェクト」代表の徳江倫明《とくえみちあき》さんは「大規模《きぼ》化を進め、農家が食品加工、流通まで担う『6次産業化』が盛んになる以前から、商品化にも取り組んできた。自由な発想と営業力がある」と評《ひょう》する。

有機農業を取り巻《ま》く状況《じょうきょう》は変化している。**持続可能な食料システム構築に向け、2021年5月に農林水産省は「みどりの食料システム戦略」を発表、有機農業の面積を2050年までに全耕地面積の25%、100万ヘクタールに増やすとした。**「ニッチだったものを広げる大きなムーブメントになり得る」

プロフィール

1964年 金沢市生まれ。3人きょうだいの真ん中。

1983年 星稜《せいりょう》高校を卒業し明治大学農学部に入学。1989年に大学を卒業、金沢市の会社に就職《しゅうしょく》。広告関係の仕事を手がける。1994年、結婚。

赤ちゃんの頃、父親に抱かれた井村辰二郎さん

1997年 会社を退職《たいしょく》し、就農。

2002年 株式会社「金沢大地」を設立。2009年には能登半島で耕作する「アジア農業」株式会社を設立。2017年、株式会社「金沢ワイナリー」を設立し、翌年《よくねん》からワイン醸造《じょうぞう》開始。

★パートタイムを含《ふく》む従業員《じゅうぎょういん》は53人(2024年6月現在)。2014年度の農林水産祭「日本農林漁業振興会会長賞」など、受賞多数。

★妻、長女、長男の4人家族。

★料理が好き。大学時代にアルバイトでカフェのキッチンに入り、覚えた。

と期待する。

少年時代、魚釣《つ》りや虫捕《と》りに夢中だった。だが農薬使用が盛《さか》んになり、散布の後、畑で多数のバッタが死んでいたり、魚が水面に浮《う》いたりした。虫のいる場所も変わり、取れる魚の種類も変わっていった。環境や生物多様性を大切に思う原点だ。

20年以上有機栽培《さいばい》をしている農地に2020年頃《ごろ》から、コウノトリが飛んでくるようになった。「感激《かんげき》しました。有機農家として、こんなにうれしい自然からのメッセージはありません」。

ここが気になる!

みどりの食料システム戦略とは

「みどりの食料システム戦略」が目指すのは生産力の強化と「環境負荷」を少なくしていくこと。「食料」の生産から消費まで、すべてを対象としている。具体的には、2050年までの目標として、農林水産業のCO2ゼロエミッション化、化学農薬使用量50%低減、化学肥料使用量30%低減など。また、2030年までに事業系食品ロスを2000年度比で半減させる目標も立てている。

井《い》村《むら》辰《しん》二《じ》郎《ろう》さんに 聞いてみよう

Q なぜ、田畑を広げていったのですか？

A **農家の使命は耕すことだと思うからです。**就《しゅう》農《のう》当時、圃《ほ》場《じょう》の大半は、金沢市郊外の河《か》北《ほく》潟《がた》干《かん》拓《たく》地《ち》にありました。ここは国の事業で水田として計画されたものの、米余りで畑地に変《へん》更《こう》された経《けい》緯《い》があります。約1100ヘクタールある干拓地の農地のうち、当時200ヘクタールは耕作放《ほう》棄《き》地。ヨシだらけで荒《あ》れたまま、相当目立っていました。なんてもったいない、これを耕さなくて何をするんだという心持ちでした。1年に10ヘクタールずつ広げたときもあります。

有機大豆のひきあいが強かったこともあって河北潟干拓地に続き、さらに能登《のと》半島でも耕作放棄《ほうき》地を耕しました。

Q

広い農地で、病虫害の対処は大変では?

A

20年以上有機を続けていると、生態系が豊かになります。**害虫も多いですが益虫も多い。自然界に一人勝ちはありません。**害虫が増えれば、捕食《ほしょく》する虫や鳥が増える。1割《わり》、2割を生態系に分けてあげて減収《げんしゅう》しても、長い目で見れば減収にはならない。そんな考えに至《いた》っています。

麦には、赤かび病というやっかいな病気があります。収穫した麦の農産物検査では、この病気の粒《つぶ》は混入が許されません。有機麦が増えない大きな理由の一つです。発症《はっしょう》は天候に大きく左右される。出るときには出る。

作りたいという人には、「10年に1回は壊滅《かいめつ》」ぐらいの気持ちで作るしかないと話します。うちはここ15年ぐらい発生していませんが。

Q 雑草はどうしているのですか？

A 米は色々な技術が開発されています。困《こま》っているのは麦と大豆。ここ数年、雑草が増えてコントロールが難《むずか》しいです。一番有力なのは、ブロックローテーションです。水田で3年間米を栽培《さいばい》したら、畑に戻《もど》し、麦と大豆の二毛作を3年行う。水田では畑地の雑草が生きられず、逆も同じです。ただ、土地利用の規制や水利用の問題などで、これが可能な面積は限られます。

今は、耕し方を工夫するほか、国や石川県と一緒《いっしょ》にデンマークから除草《じょそう》ロボットを導入して研究中です。

Q

知見《ちけん》が積み重ねられてきているのですね。ただ有機農業の面積は現在、全耕地面積の0・5％。農水省が掲げる目標25％は途方もないように思えますが？

A

生産者として身の引き締まる思いです。

ただ、25％という数値ばかりが目立ち過ぎていると思います。戦略では2050年までに化学農薬50％減、化学肥料30％減というKPI（Key《キー》 Performance《パフォーマンス》 Indicator《インジケーター》の略で重要業績評価指標と訳《やく》される）も定めている。こちらの方がずっと重大です。多数派である、農薬と化学肥料を使う慣行農業に関わりますから。

そこで必要になるのは有機の技術のはずです。それと、日本の有機農業の将来《しょうらい》は、消費者のもとにあると思います。

Q

その意味は？

A

社会課題の解決のためには、消費者にも行動の責任があります。有機農産物を選んで買うことで、生物多様性が守られ、環境負荷が少なくなる。**生産者は持続可能な農業をする責任があり、消費者はそうした農場を支える責任を担《にな》っている**のではないでしょうか。

Q

早くから食品加工にも踏み出した理由は？

A

就農《しゅうのう》したとき、うちの大豆が何に加工されているか父に尋《たず》ねたことがあります。答えは「みそか豆腐《とうふ》にでもなっとるんじゃないか」。

収穫《しゅうかく》したら農協に出荷して、政府から助成金をもらう。当時はそれで終わりでした。

しかし、持続可能にするには消費者とどうつながるかがテーマだと考え、双方向《そうほうこう》のトレーサビリティーを志向しました。誰《だれ》がどのように作ったものかを消費者が知るように、私たちも誰がどんな思いで食べているかを知る。その関係性をどう作るか。

「井村さんの大豆で作った豆腐《とうふ》」「井村さんの大豆と麦で作ったしょうゆ」という形で食卓《しょくたく》に届《とど》け、メッセージを伝えようとしたんです。

Q

2017年からワイナリーに挑戦《ちょうせん》したのですね。

A

就農時《しゅうのうじ》に立てた事業計画をおおむね実行してきたのですが、これと輸出の取り組みだけは、ビジョンからはみ出しているんです。

50歳の頃《ころ》、訪《たず》ねてきてくれた前職の先輩《せんぱい》から酒の席で、「お前、老け込《こ》んでないか。これからやりたいことは何だ」と言われ、その場で夢の棚卸《たなおろ》しをさせられました。

そこで出てきたのが、ワイン造りでした。私は酒が好きですし、潜在的《せんざいてき》に酒造りには興味がありました。

ただ、免許制《めんきょせい》だし設備投資も技術も必要だとあきらめていたのです。

意識すると、夢を達成したくて動き出すたちなんですね。

数年かけて実現しました。能登の山間地で、慣行栽培《かんこうさいばい》です

仕込んだワインを口に含んで確かめる。町家をリノベーションしてワイナリーにした＝金沢市尾張町1丁目の金沢ワイナリー

がブドウを育て、金沢市内で醸《じょう》造《ぞう》します。

　2階はレストランで、我々が育てた野菜や真《ま》鴨《がも》なども使い、総合的な食の提《てい》案《あん》をしています。私たちを知ってもらう情報発信の場です。

　新型コロナの影響で厳《きび》しい時期もありましたが、今後も工夫していきます。

金澤町家1階にある小さなワイナリー。石川県の多様性豊かな土壌で育まれるブドウで醸造したワインは2階のレストランでフランス料理と共に味わえる

SDGsを実践する7

排《はい》泄《せつ》とトイレを愛のある時間と空間へ

NPO法人「日本トイレ研究所」代表理事
加《か》藤《とう》篤《あつし》

トイレと排泄《はいせつ》の問題に携わって25年

うんちをするのは「悪」だった。

覚えがある人もいるだろう。学校ですると、バカにされたり、冷やかされたり、だから家に戻るまで我慢《がまん》して、体調を崩《くず》したり、途中で漏《も》らしたりしてしまうことも。

自身も、学校でできない少年だった。中学のトイレは汚くてくさく、悪友にいたずらをされる恐れもあった。「**排便というのは人間が無防備になる行為。だからこそ安心できる場所でないとうまくできないのです**」。

「日本トイレ研究所」代表理事の加藤篤さん扮する「ウンコビッチ博士」が東京・銀座の歩行者天国に登場。「街ゆく人にトイレや排泄の大切さをユーモアとともに届けたい」＝東京都中央区

トイレと排泄《はいせつ》の問題に携わって25年。活動の原点はそこでもある。

水洗化、洋式化……、学校のトイレ環境は改善《かいぜん》されてきたが、意識はまだまだ。うんちをすることの大切さを教える「排泄教育」は進んでいないと考えている。

子どもたちに親しんでもらおうと、うんち形の帽子をかぶって「ウンコビッチ博士」に変身し、小学校を回る出前教室で排泄の大切さを伝えてきた。「**うんちをすることが食べることと同じように重要であると、普通に話せるようになってほしい**のです」。

芝浦工業大学を卒業後、設計事務所に就職。図面を引いているときに違和感を覚えた。様々な空間は試行錯誤《しこうさくご》してつくりあげるのに、トイレは何も考えず、サンプル集からのコピー・アンド・ペーストだったことにだ。

「それがなぜか気になり、トイレの存在を意識するようになりました。毎日利用するトイレがコピペでいいのかと」。

トイレを切り口に、まちづくりに携《たずさ》わりたいと思うようになったが、どうし

プロフィール

幼いころの加藤篤さん（一番上）

1972年 名古屋市中村区生まれ。製麺業を営む祖父母、商社に勤める父、母、3人きょうだいの7人で暮らす。

リュックを担《かつ》ぐ練習

1997年 様々な市民活動の運営を担う「地域交流センター」に転職。トイレ部門に所属、リーダーの上幸雄さんに従って山のトイレの問題に取り組む。写真は上さんにリュックの担《かつ》ぎ方を指導される加藤さん（左）。

2009年 上さんらとNPO法人「日本トイレ研究所」を設立、上さんとともに代表理事に就任。2016年、単独の代表理事に。

2022年 会員は個人約260人、75団体で構成。スタッフは6人。

★妻、長女、長男の4人家族。著作に『うんちはすごい』（イースト・プレス）『もしもトイレがなかったら』（少年写真新聞社）など。

たらいいかわからない。そんなとき、知り合ったのが、トイレの視点から社会問題に取り組む活動を行っていた上《うえ》幸雄《こうお》さんだった。

「自分がやりたいことはここだと。お願いしてスタッフに加えてもらったのです」。

1997年に活動を始め、まず取り組んだのは山のトイレだ。登山客の垂《た》れ流しなどが環境問題になっていた。登山歴が豊富な上さんについて現地調査に行くことになったが、自身は初心者。

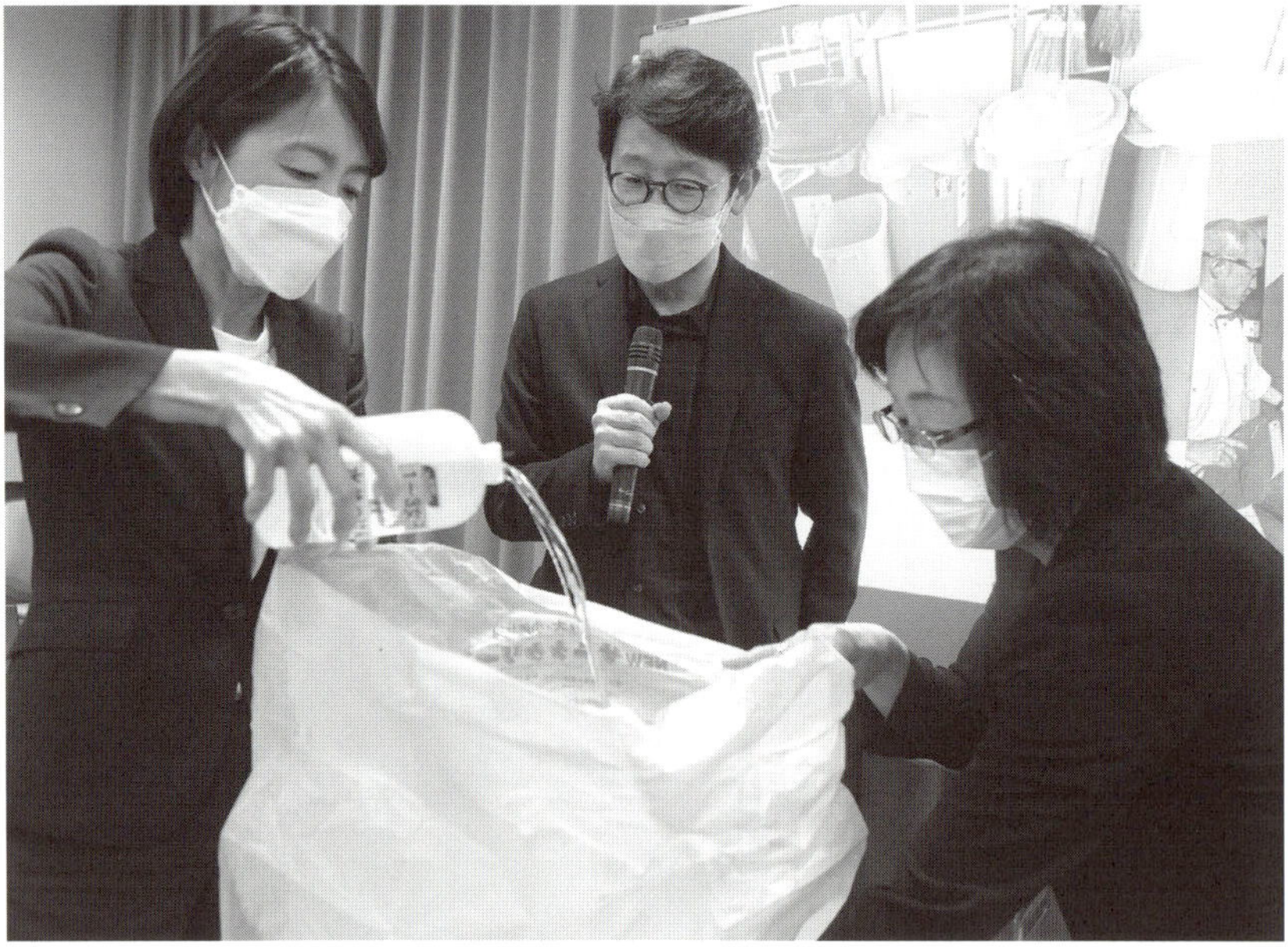

東京都内の学校に勤める養護教諭らによる研修会で、携帯トイレの使い方を説明する加藤篤さん（中央）＝東京都港区の区立六本木中学校

「いきなり3千メートル級の南アルプス・北岳に連れていかれて、生きて帰れないかと思いました」。富士山や北アルプス・剱岳にも調査に赴《おもむ》いた。

その後、2009年に上さんらとともにNPO法人「日本トイレ研究所」を立ち上げ、代表理事に。子どもの排泄《はいせつ》から災害時のトイレ、公衆トイレの改善までありとあらゆるトイレの問題に取り組んできた。

トイレは社会を映す鏡だ。「学校のトイレがきれいだと子どもは元気になるし、公衆トイレがきれいだとまちの人が笑顔になります」。

加《か》藤《とう》篤《あつし》さんに聞いてみよう

Q

うんちの話は恥《は》ずかしいとか汚《きたな》いとか言われて学校や家庭の話題になりづらいのが現状です。

A

11月10日の「いいトイレの日」から19日の「世界トイレの日」まで研究所では「うんちweek」を開催《かいさい》しています。車椅子インフルエンサーの中嶋涼子《なかじまりょうこ》さんらが参加して、オンラインでパネル討論《とうろん》を開催、排泄《はいせつ》をポジティブにとらえる方法を話してもらいました。

Q

「うんちweek」では子どものうんちの調査を行っていますね。

A

2021年は117校約1万7千人の協力を得《え》て実施《じっし》しました。7日間、自分のうんちを見て、硬《かた》く小さい「ころころうんち」から水みたいな「しゃばしゃばうんち」まで7種類のどれかをチェックシートに記入して、学校ごとに研究所に送ってもらっています。

Q

目的は何ですか?

A

自分のうんちを見ることで、排便《はいべん》が身近で、自分の健康もチェックできる行為《こうい》であることがわかってもらえれば。

2021年の調査では、7日間のうち、排便が2日以下だった児童が8%、硬い便が2回以上出ていた児童が約15%。子どもでも便秘《べんぴ》が問題になっていることがわかりました。2022年も130校で実施、初めて中学生も参加しました。

Q

災害時《さいがい》でのトイレの整備も活動の柱ですね。

A

災害時のトイレの問題は1995年の阪神《はんしん》・淡路《あわじ》大震災で顕在化《けんざいか》しました。断水《だんすい》となると水洗《すいせん》トイレが使えないことがクローズアップされたのです。私自身は2004年の新潟県中越《ちゅうえつ》地震や、2011年の東日本大震災、2016年の熊本地震などで避難所《ひなんじょ》のトイレの調査と支援《しえん》を行いました。

Q

支援とは?

A

スタッフと研究所の会員たちで「トイレ掃除隊《そうじたい》」をつくり、避難所を回り、掃除しました。**トイレがきれいになると、みんなが笑顔になる。**そんな瞬間《しゅんかん》を見ることができました。

Q

今はほとんどが水洗トイレ。災害で断水になればトイレは全滅《ぜんめつ》ですがどうすればいいのですか？

A

東《ひがし》日《に》本《ほん》大《だい》震《しん》災《さい》で研究所が調べたところ、9時間以内に8割《わり》近い人がトイレに行きたくなりました。半面、仮設トイレが避難所に行き

渡った日数の調査（研究所協力）で、29の被災自治体に聞いたところ3日以内が3割強、あとがそれより多くかかっていたのです。

災害《さいがい》では水や食料の調達《ちょうたつ》が優先《ゆうせん》されがちですが、それと同じぐらい、快適なトイレ環境の確保を急ぐべきなのです。トイレが整備されないと多くの人が水分や食料の摂取《せっしゅ》を控《ひか》え、それは命にかかわります。

Q

設置されたトイレに段差があったり、和式便器だとお年寄りには厳しいですね。

A

調査に赴《おもむ》いた東日本大震災時、ある仮設診療所《しんりょうじょ》で見た光景が忘れられません。段差《だんさ》のある屋外の仮設トイレに、車いすでやってきたおばあちゃんが四つんばいになって、はい上がっていったのです。

熊本でも和式便器が多く、足腰《あしこし》の悪いお年寄りが和式便器の床《ゆか》に座《すわ》って用を足したという話を聞きました。

Q

各地で講演を行う中、携帯トイレ（便袋）の実習も好評だとか。

A

災害による断水《だんすい》では水洗《すいせん》は使えませんが、便器は使用できるケースはままあると思います。その場合、そこに携帯《けいたい》トイレをつけて、用を足したら交換《こうかん》するという方法が効果的です。

そのためには、避難所《ひなんじょ》になる施設《しせつ》では、携帯トイレの備蓄《びちく》とノウハウを知る人材の育成が求められます。

Q

東京都渋谷区では著名《ちょめい》な建築家らがトイレをアートのように変身させて話題になりましたね。

A

くさくて汚《きたな》いと思われてきた公園などの公衆《こうしゅう》トイレも、最近では改善《かいぜん》されてきています。

江戸川《えどがわ》区でも、トイレのあり方は生活や都市そのものの質が問われるという認識《にんしき》に立って、区職員と研究所の会員などが一緒《いっしょ》になって、公園トイレの掃除《そうじ》やデコレーションをしました。

私たちはかつて、表参道の公衆トイレにアートを置く「トイレ美術館」という試みをしたことがあります。**トイレをきれいにすると、きれいに使うようになるのが人間の心理**なのです。

ここが気になる!

携帯《けいたい》トイレってどうやって使うの?

携帯トイレは袋《ふくろ》タイプのトイレ。便器にポリ袋をかぶせて便座《べんざ》を下ろし、その上から便座を覆《おお》うように携帯トイレを設置し、用を足すだけでよい。終了したら吸収《きゅうしゅう》シートや凝固剤《ぎょうこざい》を入れて処理《しょり》するので、使用後に袋をしっかりと結んで保管する。建物内のトイレ室をそのまま活用できるので安心だ。

Q 公衆トイレの改善が進む中、まだまだバリアフリーのトイレは少ないですよね。

A 健常者《けんじょうしゃ》はトイレを気にせずに行きたい場所に行けるが、障害者《しょうがいしゃ》らはバリアフリーのトイレの有無《うむ》で行ける場所が限定されてしまうことがあります。そんな理不尽《りふじん》なことはないはずで、もっともっとバリアフリーのトイレを増やすべきです。

Q なぜ、日本トイレ研究所のキャッチフレーズは「トイレに、愛を。」なのですか？

A 年配の方にはトイレを「ご不浄《ふじょう》」という人もいます。排泄《はいせつ》とトイレは忌《い》み嫌《きら》われる行為《こうい》と場所でした。それを**「愛のある時間と空間」に変えるの**

が私たちの使命です。

避《さ》けられていたものを日常の中にとり込むことで、社会や暮《く》らしがもっと豊かになるはずです。

SDGsを実践する
8

常に門《もん》戸《こ》を開き、今伝えたいことに寄り添《そ》う

認定NPO法人「おてらおやつクラブ」代表理事
松《まつ》島《しま》靖《せい》朗《ろう》

子どもを支える「おすそわけ」の心

〈和菓子《わがし》はもういいので、ポテトチップを送ってください〉

以前、ある少年からもらった手紙が忘《わす》れられない。母親にお礼状を出せと言われ、渋々《しぶしぶ》書いたのだろう。「なんて生意気や、と（笑）。でも僕《ぼく》も幼《おさな》い頃《ころ》、同じことを言ってました。『じいちゃん、また最中《もなか》？　違《ちが》うおやつ買いに行こ』って」。いかにも子どもらしい本音が「ホンマにうれしかった」と笑う。

■支援《しえん》の輪広げて

檀信徒《だんしんと》からの「おそなえ」を、住職やその家族が「おさがり」として食べ、

コロナ禍《か》で「たすけて」と訴えてきた母親たちに送る「おすそわけ」は連日20箱以上。子どもに人気のポテトチップスはなるべく入れる＝奈良県田原本町《たわらもとちょう》の安養寺《あんようじ》

近所の子どもや来客に「おすそわけ」する。お寺で続く習慣が社会課題を解決する一助《いちじょ》になると思い立ったのは2013年。大阪市のマンションの一室で、母親と3歳《さい》の息子が遺体《いたい》で見つかった。現場にあったメモには「おなかいっぱい食べさせられなくて、ごめんね」。まさか餓死《がし》？　小さな息子を持つ父親として見過ごせなかった。

祖父の跡継《あとつ》ぎとして、奈良にある実家の寺の僧侶《そうりょ》になって3年。食べきれない供物《くもつ》に頭を悩《なや》ませることがあった。

事件を受けて発足《ほっそく》した大阪の母子家庭支《し》援《えん》団体に連絡《れんらく》を入れ、和菓子や果物を運び

込《こ》んだ。団体のリーダーは「正直、全然足りてません」。無力な自分にうなだれて戻《もど》る道中、ふと田園の中に点在する建物が目に入る。

プロフィール

幼いころから祖父（右）に同行して法要に出ていた松島靖朗さん

1975年 奈良県生まれ。両親が別居し母の実家の寺で育つ。6歳で得度、住職だった祖父に同行してお経を読む。

★大阪の仏教系高校に進むが2週間で中退《ちゅうたい》。奈良の公立高へ入り直し、「普通《ふつう》の人と同じ生き方」を求め96年、早稲田大学商学部へ。卒業後、NTTデータに就職《しゅうしょく》。

長髪のサラリーマンだったころの松島靖朗さん

2004年 同社の投資先で「＠cosme（アットコスメ）」のサイトを運営するＩＴ企業に転職。写真は夏休みの一コマ。ビジネスの最前線で働く人たちの中で「自分だけの生き方」を探《さぐ》り、寺を継《つ》ぐと決意。2008年退職。修行を経て2012年9月に安養寺住職。

2013年 5月の大阪の母子餓死事件を機に困窮者支援《こんきゅうしゃしえん》の活動を開始。宗派を超えネットで参加を募ると45の寺が賛同、支援先は29に。おてらおやつクラブは2017年にNPO法人化。2018年度グッドデザイン大賞。2020年、認定《にんてい》NPO法人に。2021年7月に共著《きょうちょ》『不要不急』（新潮新書）出版。

お寺、メチャクチャいっぱいあるやん。その数、全国に7万7千以上。古いものでは千年を超《こ》す悠久《ゆうきゅう》のときを、人々の祈《いの》りの力に支えられてきた。**集まる供物《くもつ》は仏や先祖への「気持ち」の表れだ。寺が秘《ひ》める力は大きい。**

早速、顔見知りの僧侶《そうりょ》らに「余っていたら持ってきて」と呼《よ》びかけた。2014年に「おてらおやつクラブ」を結成。賛同する寺と支援《しえん》先はどんどん増えた。

もっと多くの寺が容易に参加でき

我が子3人と。「僕《ぼく》はこの子たちぐらいの時は『お寺の子』が嫌《いや》で、どこにも居場所がなくて、いつも屋根の上にいました」＝奈良県田原本町の安養寺

る仕組みを作ろう。前職は日本最大の化粧品《けしょうひん》口コミサイトを運営するIT関連企業の部長だ。インターネット黎明期《れいめいき》から技術を培《つちか》い、マーケティングにも精通する。

その知見を生かし、寺3カ所ほどと一つの支援団体を結びつけ、ひとり親など困窮《こんきゅう》家庭にお菓子《かし》や生活必需品《ひつじゅひん》を届《とど》けるシステムを構築した。寺の一角にある事務局の常駐《じょうちゅう》スタッフが司令塔《しれいとう》役を担《にな》い、今や約1600の寺と約500団体が連携《れんけい》。2万1千人以上の子どもたちを支援している。

コロナ禍《か》で休校になった頃、全国の母親から「食べ物を送って」とSOSメールが事務局に届くようになった。毎日20件以上。すぐにお米2キロや消毒剤なども詰《つ》めた段ボールを3日以内に着くよう手配する。

「あんこは嫌《いや》だ」と祖父に駄々《だだ》をこねた日から40年以上。「**おさがり**」**で育ててくれた亡き人たちからの恩《おん》を、未来を担《にな》う子どもたちに送っている。**

松《まつ》島《しま》靖《せい》朗《ろう》さんに聞いてみよう

Q

コロナ禍《か》で全国の母親から食料支援《しえん》の依頼《いらい》が届くようになったとか。

A

事務局に直接メールが来ています。2020年3月末で350世帯、2021年の夏で2千世帯を超えました。このため「直接支援」と呼ばれる事業を始めました。

本来の「おてらおやつクラブ」の活動は、お寺が「おそなえ」を地域の支援団体に送り、そこから困窮《こんきゅう》家庭の子どもたちへ届ける「間接支援」です。お寺は年に数回、荷造りする。こうした活動を通して、お寺が地域の課題に目を向け、「見守り」の体制を作ることを期待しています。

一方、**直接支援を求めるお母さんたちは団体とつながらずに孤立し、困窮度も高い。**ギリギリで成り立たせている黄信号の生活がコロナで一気に赤信号へと変わり、「たすけて」と言わざるを得ず、ネット検索で我々にたどりつくんです。このため即日かつ無条件で「おすそわけ」を送っています。「ここなら助けてくれる」と信頼されるために。

Q 子どもの貧《ひん》困《こん》は見えにくいといわれますが解決策は？

A お母さん自身が追い詰《つ》められ、自ら姿を消してしまう。地域の顔が見える関係では経済苦を

ここが気になる!

子どもの貧困について実情を知りたい

日本では、近年9人に1人の子どもが貧困状態にあると言われている。じつは貧困状態は2種類ある。住む家がない、着る服がない、食べるものがないのが「絶対的貧困」。一方、栄養《えいよう》がある食事は給食のみ、経済的な理由で進学しないなどの状態が「相対的な貧困」。後者は実情を把《は》握《あく》しにくいとされ、日本の貧困がこのタイプにあてはまっている。

知られてしまうからです。

我々とはメールだけの関係で、「ひとりでがんばっていましたが、ごめんなさい」「ジャガイモ1個買うにも悩《なや》んでいます」といった声が集まります。お坊さんの活動でもあり、打ち明けやすいのかもしれません。**常に門戸《もんこ》を開き、お母さんたちが今伝えたいことに寄り添います。**

ただ我々はまだ何も解決していません。**最終的には公的支援《しえん》につなげ、個別の家庭の課題などを乗り越える必要がある。**そこで地元の田原本町《たわらもとちょう》と隣の天理《てんり》市とそれぞれ「ひとり親家庭」支援の協定を結び、行政との連携《れんけい》をすすめています。

Q 「おすそわけ」の新たな発送方法も探《さぐ》っているとか。

A

活動を始めた頃、既《すで》に多くの寺が児童養護施設《ようごしせつ》などに和菓子《わがし》などを寄付していましたが、「うちだけで続けるのは大変」と負担《ふたん》を感じていることも知りました。そこでできるだけ参加しやすい仕組みを作ってきたのです。

さらに2020年、寄付者が税制優遇《ゆうぐう》を受けられる認定《にんてい》NPO法人になり、活動の幅が広がったのですが、課題もあります。

例えば「直接支援」は奈良から何百カ所への発送作業はかなり大変。このため「匿名配送《とくめい》」を導入しようと運送大手と連携して実証実験中です。ネットのフリーマーケットが採用する仕組みで、自分の名前や住所を相手に知られずに品物を送ったり受け取ったりできる。事務局の役割を別の寺が肩代《かたが》わりでき、支援先の個人情報も保護できます。

また、お寺と支援団体それぞれが「送った」「受け取った」と報告して数えている「活動実績」も、発送時から運送大手側に自動的にマッチングしてもらって正確に把握《はあく》できるよう実験中。今後は寺が負担する送料も我々が支払います。

Q

「おそなえ」は食品、和菓子《わがし》や果物ですか？

A

活動が知られて、品目がずいぶん変わりました。最近も、地元の歯科医さんから「あんた『おやつのお坊さん』やんね」と言われ、歯ブラシと歯磨《みが》き粉を段ボール1箱分いただきました。

檀家《だんか》さんもおそなえした後の「おすそわけ」のことを考えて提供《ていきょう》してくださる。企業や個人からも協力の申し出があり、レトルト食品やマスク、生理用品などの日用品も増えています。

以前、「うちの子にアレルギーがあるかわからない」と言う母親がいました。子どもに何を食べさせるかは親御《おやご》さんか支援《しえん》団体の判断に任せていますが、それ以前の問題です。それほど現場が深刻だと想像できなかったことを反省しています。

「子どもに添加物《てんかぶつ》まみれのスナック菓子を与えるなんて」「お寺なんだから精進《しょうじん》料理を出すべきだ」といった意見もあり、日々、考えながら対応しています。

Q 僧侶《そうりょ》になって11年、いかがですか？

A 物心《ものごころ》つく頃から母の実家の寺で暮《く》らし、住職《じゅうしょく》だった祖父の横で、適当にお経《きょう》を読んでいました。すると、檀家のおじいちゃんやおばあちゃんが「ありがたい」と言ってお布施《ふせ》をくれるんです。小学校に上がる頃には「お寺の子」と呼ばれるのが本当に嫌《いや》でした。

30歳《さい》になる頃、ベンチャーだった「アイスタイル」の吉松徹郎《よしまつてつろう》社長の構想力に共感して転職し、経営に携《たずさ》わりました。

そこで出会った最先端ビジネスを担《にな》うリーダーたちは、人と違う生き方をしていて、僕《ぼく》も「誰にもできないユニークな人生を」と考えたとき、お坊さんになろうと思いました。

支援《しえん》先のお母さんたちがよく「見守ってくれる人がいることがありがたい」と言って下さる。単にモノを届ける活動ではないと実感し、励《はげ》まされています。

僕は思春期、生まれた家から逃げたくて、とても深く悩《なや》みました。そのときの答えを今、お寺の中で見つけている気がしています。

新聞掲載：2021年9月18日

SDGsを
実践する
9

子どもも大人もSOSを出せる社会に

児童養護施設《しせつ》出身の3人組

THE THREE《スリー》 FLAGS《フラッグス》

「ひとりじゃない」と動画で発信

ピンクの髪《かみ》や、ハットにオーバーオール。カラフルな3人が、時たまつつき合い、笑い声をあげながら肩《かた》を並《なら》べ、カメラを見つめて息をそろえた。「スリーフラッグスです！」。

ブローハン聡《さとし》さん、山本昌子《やまもとまさこ》さん、西坂來人《にしざからいと》さん。児童養護施設《しせつ》で暮《く》らした経験がある3人組「THE THREE FLAGS（スリーフラッグス）―希望の狼煙《のろし》―」（通称「スリフラ」）だ。家族からの虐待《ぎゃくたい》などで、施設や里親家庭にいる子ども、そこを巣立った若者、家庭の中で居場所がない子どもについて知ってほしいと、2019年からYouTubeで番組を配信。講演活動

後輩に慕われるブローハン聡さん（左）、勢いでチームを引っ張る山本昌子さん（中央）、「お兄さん的存在」の西坂來人さん（右）。互いを紹介してくれた＝東京都杉並区

も行う。

■仲間を増やしたい

若者向けの居場所づくり、着物を着て成人を祝うボランティアといった施設《しせつ》出身者向けの取り組みや、施設を出た人の葛藤《かっとう》を描《えが》いた映画《えいが》撮影《さつえい》など、それぞれが活動してきた。

当事者の集まりで出会った3人が意気投合したのは、「ポジティブ」に発信したいという思いからだった。「一部のかわいそうな子ども」という見られかたや、施設や児童相談所の批判《ひはん》だけで、次世代の子どもたちのためになるのだろうか。

必要な情報を誰《だれ》もがいつでも見られるようにと、ＹｏｕＴｕｂｅを選んだ。番組では、虐待《ぎゃくたい》経験者や施設の職員、里親などをゲストとして招いて対談したり、先進的な取り組みを紹介《しょうかい》したりしている。

「**子どもだけでできることは少ない。だから大人に知ってほしい**」と3人は口をそろえる。

「ニュースで目にする虐待は、積み上がった子育ての問題のほんの一部。そこに至《いた》るまで、親も子どももたくさんのストレスを抱《かか》えている」と西坂さん。ブ

プロフィール

★**ブローハン聡《さとし》さん（ブロ）**＝写真右　埼玉県が委託《いたく》する施設退所者らの居場所事業「クローバーハウス」の管理者。東京都出身。フィリピン人の母と日本人の父の婚外子として生まれる。義父から虐待を受け、小5から高校卒業まで施設で過ごす。

★**山本昌子《やまもとまさこ》さん（まこちゃん）**＝中央　施設出身者の成人を祝う「ACHAプロジェクト」代表。東京都出身。生後4カ月で母親が家出し乳児院に。2歳から高校卒業まで施設、その後自立援助《えんじょ》ホームへ。虐待経験のある若者の生きづらさを描いたドキュメンタリー映画「REALVOICE」を制作中。

★**西坂來人《にしざからいと》さん（ライト）**＝左　施設を退所した若者を描いた映画「RAILROAD SWITCH」を制作中。福島県出身。父親のDVで小5から1年余りを施設で過ごし家庭復帰。東日本大震災を機に、映像作家、絵本作家として施設の子どもらについて発信。

YouTubeは、
こちらから。

ローハンさんも「虐待《ぎゃくたい》はひとりの人が大人になり、家庭をつくる中で起きる。苦しんでいる大人がいたら、大人同士も助け合える社会にならないと。すべての人が目を向けるべき問題だ」と言う。

「3本の旗」を意味する名前には、「ここにいるよ」というメッセージを込《こ》めた。

明るく語る3人にも、向き合い切れなかった思いがある。

義父から虐待を受け施設《しせつ》に入った

動画を再生した広告収入の一部は、児童養護施設を応援する団体に寄付される。「見てくれるだけで大きなアクションです」（ブロ）、「まずはチャンネル登録してください！」（まこちゃん）＝東京都杉並区

ブローハンさんは、10代の頃《ころ》、願っても手に入らない「家族」を思うと苦しかった。生後4カ月で乳児院《にゅうじいん》に預《あず》けられた山本さんは、18歳で初めて施設を出て、自分が築いてきた関係性が一瞬《いっしゅん》で壊《こわ》れた気がして、死にたいと思った。西坂さんの施設の先輩《せんぱい》が退所《たいしょ》後に孤独《こどく》を抱《かか》え自ら命を絶ち、なぜ社会が目を向けてくれないのか危機感《ききかん》を感じた――。それでも。

「ひとりじゃない」と山本さん。地方の若者から「見ています」と言われることも増えた。「**自分の生い立ちをひとりで抱えている子はたくさんいる。ここにいるって掲《かか》げることで、みんなの希望になりたい**」。

THE THREE《スリー》 FLAGS《フラッグス》に聞いてみよう

Q

「THE THREE FLAGS―希望の狼煙《のろし》―」のユーチューブ番組には、虐待《ぎゃくたい》経験者や施設《しせつ》職員など様々な方が登場します。印象に残っている回はありますか？

A

【西坂來人《にしざからいと》さん（以下ライト）】京都中小企業《きぎょう》家同友会の取り組みです。施設の子どもが就職《しゅうしょく》でつまずきやすいということで、地域《ちいき》での職場体験を始めたそうです。そうすると、**施設を出てからも地域に知っている顔がたくさんあり、孤立《こりつ》を感じることが減る。**こういった取り組みが全国に広がってほしいと思います。

【山本昌子《やまもとまさこ》さん（以下まこちゃん）】孤児院《こじいん》で育った俳優《はいゆう》のサヘル・ローズさんは印象的でした。輝《かがや》いて見える彼女《かのじょ》だけど「子どものときの自分が心の中で暴れるときがある」とおっしゃっていて、「**自分の傷《きず》を見せることが、自分や誰《だれ》かの傷を治す可能性になる**」というメッセージは心強かったです。

Q うれしかった反応やコメントはありますか？

A **【ブローハン聡《さとし》さん（以下ブロ）】**長年施設の職員をされている方が出た回では、施設を卒業した方が見てくれていました。

僕《ぼく》がやっている施設退所者の居場所事業「クローバーハウス」を取り上げたときには、「自分も対象になるか？」と問い合わせて来てくれるようになった子もいます。**自分が虐待をしてしまっている、というコメントもあり、想定していなかった層《そう》にも広がっています。**

【ライト】大学で講師の依頼《いらい》を頂《いただ》くことも増えました。先日は鳥取に行ったときに、大学の先生が「ずっと会いたかったんです」って感激《かんげき》してくれました（笑）。

Q

虐待《ぎゃくたい》を受けた少年が、母親の命令で祖父母を殺し金を奪った事件など、子どもが加害者になる事例にも触れましたよね。

A

【ライト】伝え方が難《むずか》しかったけれど、きちんと動画に残したかった。この事件も、少年が事件を起こすまでに関わった大人はたくさんいたのに、結局少年からは離《はな》れていってしまいました。**じゃあ何ができたのか、真剣《しんけん》にみんなが考えなければいけないと思う大事なきっかけになりました。**

Q

スリフラの番組の目的には「保護されるべき状況にもかかわらず、社会的養護につながらなかった方々」についても知ってほしいと書いていますが、どういう意図が？

A

【ブロ】 社会的養護とそうではないもの、と区別するのは少し違《ちが》うと思います。僕らは施設《しせつ》出身者として発信しているけれど、行き着くのは、親になる前にひとりの人が大人になる段階《だんかい》から、どう変えていくのかということ。**子どもを守るためには、苦しんでいる大人も助けなければいけないんです。**

【まこちゃん】 **大人も自分が傷《きず》ついていることを知って、恥《は》ずかしいことだと思わずに、自分も世の中もその傷を受け入れていくこと、つらいときにはSOSを出すことが大事だと思っています。**

Q

逃げ場がない、絶望を感じている子どもたちに何を伝えたいですか？

A

【ブロ】どんな言葉を選ぶか、いつも悩《なや》みます。ただ、**今日を生き抜いた先に、この世界の人全てが敵《てき》ではなく、たったひとりでも信じられる人と出会えることを信じてほしいです。**あと、自分が感じた違和感《いわかん》は持ち続けてほしい。その状況《じょうきょう》が当たり前だと思っても、人と話す中でやっぱりおかしいと気づいて、行動につながることもあります。

【まこちゃん】人生をあきらめないでほしいというのが、一番伝えたいことです。**生きていれば救われるとは限らないですが、生きていてくれたからこそつながることができ、生きていなければ全てが終わってしまう。**

生きることは一つの選択肢《せんたくし》で、それを選んでくれたのはすごくありがたいことです。

Q

こども基本法や改正児童福祉《ふくし》法《ほう》が成立して、子どもの権利《けんり》に社会の目が向けられつつあります。どう思われますか？

A

【ブロ】色々な人が動いたことで制度が改正されたことは大きな進歩です。意味を持ち続けるために、どこまで変わったのか、それによって子どもがどう感じたのかまで、拾わなければいけないと思います。

【まこちゃん】何かができたらできたで、あらを探《さが》していては足の引っ張り合いになってしまいます。**変わったことに感謝しながら、現場でも価値《かち》のあるものにしていこうとする必要があるし、変わらない部分があれば敬《けい》意《い》と誠意《せいい》をもって訴《うった》えることが必要**です。

Q

スリフラとして今後やっていきたいことはどんなことですか。

A

【ブロ】 スリフラの動画は海外の方も見てくれています。世界の福祉《ふくし》や社会的養護のあり方について、国を超《こ》えて情報交換していきたいです。

【ライト】 僕たちの話を聞いて里親登録をした人もいます。子どもの過ごしやすい社会のために動いてくれる仲間を、どんどん増やしていきたいですね。

新聞掲載：2023年1月14日

SDGsを
実践する
10

やりたいことはもっと大きなアナーキズム

アートスクール「アトリエe.f.t.」代表
吉《よし》田《だ》田《だ》タカシ

つくるを通していきるを学ぶ

アートスクールの代表であり、不登校の子を持つ親が集まり活動する拠点《きょてん》「トーキョーコーヒー」を主宰《しゅさい》する。

大阪芸術大学在学中の1998年、美大進学希望の娘を教えてと言われたのがアートスクール「アトリエe.f.t.」の始まり。大阪市と奈良県生駒《いこま》市に小学生から社会人まで200人以上が通い、空き待ちも数十人いる。

「わくわくする装置《そうち》をつくろう」「無駄《むだ》なものをつくろう」と投げかける。

「最初はみんな、ありがちな発想のものをつくる。それには『ていねいにつくったね。でもそういうのはよく見るよね』。みんなと違《ちが》うものをつくった子には『面白い』と徹底的《てっていてき》にほめる。すると子どもたちは『マル』をもらわなくていい、自由にしていいんだと見る間に発想が豊かになる。自由の訓練です」。

■親にも子にも最高の場所を

「つくるを通していきるを学ぶ」を掲《かか》げるアトリエで強調するのは「前提を疑《うたが》え」「違和感《いわかん》を大事に」「それって当たり前?」。「正解」のない課題を自分の頭で、楽しく考えさせる。

生駒の森の家のアートイベントで。森の家は吉田田の好きな言葉「放てば手にみてり」から「ミテリ」と名付けた＝奈良県生駒市

活動は、どんどん広がる。生駒《いこま》市内の森に古民家を譲《ゆず》り受けたのを機に、2021年、「自分たちで作る公民館にしたい」と月に1度、参加者を募《つの》って1泊2日で手作りの改修《かいしゅう》を始めた。石を積み、草を取り、天井を取り換《か》え……。食卓《しょくたく》を囲み、銭湯に一緒に行くなかで、自然と仲良くなり、悩《なや》みを打ち明け始めた。目立ったのが「うちの子、実は不登校で……」。「うちもそうだったよ」と答える人が出てきた。

そして「不登校のうちの子どもも連れてきていいですか」とも聞かれるように。「もちろん」と答えた。

「自然に囲まれ、遊び場はたくさん。まずは親が楽しみ、悩みとは別のことに目を向ける。一緒に何か作業をする中で自然と仲間意識が芽生え、何気ない会話の中で悩みやヘルプが出てきます。僕をはじめその悩みに耳を傾《かたむ》ける人はたくさんいますし、子どもも自然の中で生き生きと遊びだす。**親は自分の思いを**

プロフィール

1977年 兵庫県中町（当時）生まれ。生家は米店。3人兄弟の次男。40歳の時に病気で亡くなった二つ上の兄・直裕さんとは大の仲良しだった。残した手記には「(弟の) 魅力は、新しいことにチャレンジするという前衛的《ぜんえいてき》な姿勢《しせい》の持ち主でありながら、自分が感じた迷いや恐れを正直に周りの人に話しかけてくれる点にあります」。

★大阪芸術大学に進み、1998年にバンド「DOBERMAN」を結成、ボーカルを務める（写真は2004年のライブ）。海外ツアーの経験もある。

2004年、バンドDOBERMANのヨーロッパツアーで。中央が吉田田さん

1998年 アトリエe. f. t. を始める。

2021年 チロル堂開設、トーキョーコーヒーの前身の活動、生駒の森の家の改修も始める。

★2047年、70歳の誕生日にお酒を解禁する予定。「どかんと飲むからみんな来てね！」

★妻と1男1女と暮らす。

吐露《とろ》し、子どもの姿《すがた》を見て、次第に楽になることが多く、結果として親にも子にも最高の場所になるんです。今では不登校に関係なくさまざまな大人が訪れるようになりました」。

その様子を見て、全国に広めようと決意。「登校拒否《きょひ》」を言い換《か》えた「トーキョーコーヒー」と名付け、同様の拠点《きょてん》を全国500カ所作ることをめざして賛同者を募《つの》り、今は約380カ所(2024年7月現在)。

同年には生駒《いこま》駅前に駄菓子屋《だがしや》「チロル堂」を始めた。子どもは100円でガチャガチャを回すと、100~300円分の通貨「チロル札」入りのカプセルが出てきて、駄菓子やカレーを食べられる。夜には居酒屋になり、大人が集う。その収益などで回す。「子ども食堂」の一種だが、「子どもが偏見《へんけん》の対象にならず、情けない思いをしない場所にしたかった」。地域《ちいき》みんなで子育てをする意識を生んでいる。

「チロル堂は趣味《しゅみ》の断食《だんじき》をしているときに思いつきました。ここは魔法の駄菓子屋チロル堂、子どもがガチャガチャを回すと通貨『チロル札』が入っていて……と、物語みたいに浮かんできた」。今や1日に子ども200人が訪れる＝奈良県生駒市

吉田田《よしだだ》タカシさんに聞いてみよう

Q

アトリエで問う「前提《ぜんてい》を疑《うたが》え」は昔から？

A

中学校のときは強制的《きょうせいてき》に丸刈《まるが》り。なんでこんな目にあうんだと思ったけど、やったら気に入って。高校でも丸刈りでいたら、母に「野球部じゃないんだから髪《かみ》を伸《の》ばしなさい」って言われてすごい腹が立ちました。このあいだまで「丸刈りって学生らしくていい」とか言っていたのに。反骨心《はんこつしん》、パンク精神の爆発《ばくはつ》が始まりました。

制服の袖《そで》の飾《かざ》りボタンを外したら、先生が「つけろ」。「何で？」と言ったら「そういうもんや」。そういうもんという言葉、一番嫌《きら》いです。

Q 高校ではいろいろパンクな活動を？

A いわゆる不良ではなくて、ちょっとずらすのが好み。学食のうどんの値《ね》下げとか、職員トイレをなくせとか、しょーもないことを真剣に、わいわい面白く要求しました。今に通じる「たのしいにいのちがけ」です。

Q 美大に進学した理由は？

A サッカー部だったけど、けがでドクターストップ。勉強は嫌《いや》だけど働きたいわけでもない、都会で一人暮《ぐ》らしをしたい。絵が好きだったので、全てをかなえてくれるのが美大でした。

大学ではバンドを組み、ボーカルと歌詞を担当。CDも出し、海外ツアーも。活動は今も続いています。

Q アトリエe．f．t．の屋号の由来を教えてください。

A

アトリエの名前はフランスの詩人、ジャン・コクトーの小説『アンファン・テリブル』（恐るべき子どもたち）から。この言葉の響《ひび》きがすごく好きです。僕らは恐るべき子どもたちでありたい。既成の秩序《ちつじょ》や常識《じょうしき》を否定するアートのダダイズムも好きで、同じころ「吉田田」を名乗り始めました。

Q いったん就職《しゅうしょく》されましたね。

A ギフト会社のデザイン部署に就職したけど、8カ月でノイローゼ気味になって辞《や》めました。満員電車に乗って上司に頭を下げる。**サラリーマンなんて誰でもできると思っていたけど、できなかった。組織で働くことは思ったほど甘くなかったです**。

自分で仕事を作るしかない、と思ってアトリエを再開しました。最初は生徒を集めるため、高校の美大進学率を図書館で調べて、学校の前でチラシを配ることから始めました。

Q 生徒が増えだしたきっかけは?

A

14年前にお酒をやめたことです。人生で一番大きな事件かもしれない。アナーキーでいたくて、毎日明け方まで浴《あ》びるようにお酒をのんで。よく転んで顔をすりむき、たびたび財布を落としました。アトリエに体験希望の電話がかかってきても面倒《めんどう》で出なかったり、授業に遅刻《ちこく》したり。

けれど、結婚して家族ができて、このままじゃいけないと思いました。奥さんも、僕のことが心配で、帰ってくるまで眠れない、と。「酒やめるわ」と彼女に宣言、朝まで2人で泣きました。

Q

それ以来、一滴《いってき》も？

A

飲んでいません。やめた直後は、もう精神的にぐちゃぐちゃになって大変でした。お酒をやめて、ただのつまらない丸い人になっちゃうんじゃな

いか、と怖くて。赤ちゃんを抱いているところを人に見られたらどうしようと思いました。

でもわかったんです。**酒でチープなアナーキズムをやろうとしていただけだ、と。僕のやりたいことはもっと大きなアナーキズム。今、完成形になりつつあります。**

トーキョーコーヒーは「世界一たのしい革命」と銘《めい》打《う》っています。昔は世界に名を残すようなアーティストになりたいと思っていたけど、それもどうでもよくなりました。**今は何でもない日常にこそ、幸せがあると思っています。**

Q

だから、生駒《いこま》の森の家やチロル堂など、地域に根ざした活動になっているんですね。

A

アトリエを東京など他の地域に作って、と言われ続けていたけど、クリエイティブな学びにマニュアルがあるわけじゃないし、みんなで模索《もさく》しながらやっているので、コンビニみたいに横展開はできません。

でも、森の家でみんなでごはんを食べていたとき、あ、これでいいんだと気づいたんです。子どもが安心していられる場所を作ればいいんだと。

子どもは安心したら主体性ができる。主体性ができたら、自走式のエンジンを得たようなもので勝手に学び始めるんです。

Q

アトリエもトーキョーコーヒーも大盛況ですが、どう思われますか？

A

どの親も、子どもに幸せになってほしいと願っているんです。でもこれまでは、偏差値《へんさち》イコールお金イコール幸せになっていた。僕は、そうですか？ と問いかけてきました。それが幸せじゃないって、みんなだんだんわかってきたんだと思います。**先が見えない時代に穏《おだ》やかな海を探《さが》そうとしてきたけど、穏やかな海なんて、もうない。僕はどう波乗りをするかを、子どもに伝えたいですね。**

 新聞掲載：2023年4月22日

おわりに

この本を読んでくださったみなさんへ――。

さまざまなジャンルで「SDGs《エスディージーズ》を実践する」フロントランナー10人のお話はいかがだったでしょうか？　メディアで観る彼らの活動は、「社会活動家」のような側面だけが強調されているかもしれません。

ですが、世の中をよくしようという取り組みと経済活動は両立すること、利益を上げる楽しみと同時に、人々に感謝される喜びにあふれた仕事であることを伝えるべく、本書を「フロントランナー」シリーズの重要な１冊に位置づけました。

では実際のところ、日本はSDGsの課題をどれだけ達成しているのか？

それは国連が毎年発表するレポートで知ることができます。

２０２３年の日本のランキングは21位。

近年のランキング推移を観てみると、２０２０年は17位、２０２１年は18位、２０２２年は19位、と年々順位を下げているという残念な状況です。

次に、内訳はというと、評価が高く、すでに達成しているとされる２つは、目標4「質の高い教育をみんなに」と、目標9「産業と技術革新の基盤をつくろう」。反対に、とくに重要な課題があるとされているのが、目標5「ジェンダー平等を実現しよう」、目標12「つくる責任、つかう責任」、目標13「気候変動に具体的な対策を」、目標14「海の豊かさを守ろう」、目標15「陸の豊かさも守ろう」の5つです。

これらの現状にどう取り組んでいくかは、私たちにかかっています。

国連が定めた課題になぜ自分たちが応えなきゃいけないの？ と思うのも自由！ 納得がいかなくて、その理由を調べたりすることも、この本を通してみなさんにお願いしたいことの一つです。

世の中にはさまざまな課題がありますが、それらを解決する方法はほんの小さな一歩から始まっています。勇気をもって行動することで、いつの日か、フロントランナーとして輝く、みなさんの活躍を楽しみにしています！

朝日新聞be編集部
岩崎ＦＲ編集チーム

Staff

出典元記事
平田仁子さん分＝文・森治文　写真・相場郁朗
小林拓矢さん分＝文・橋田正城　写真・吉本美奈子
山﨑敦義さん分＝文・中島隆　写真・角野貴之
鮫田晋さん分＝文・長沢美津子　写真・鬼室黎
若山太郎さん分＝文・中野渉　写真・相場郁朗
井村辰二郎さん分＝文・大村美香　写真・伊藤進之介
加藤篤さん分＝文・斉藤勝寿　写真・吉田耕一郎
松島靖朗さん分＝文・高橋美佐子　写真・飯塚悟
THE THREE FLAGSさん分＝
文・川野由起　写真・吉田耕一郎
吉田田タカシさん分＝文・秋山訓子　写真・新井義顕

編集　岩崎FR編集チーム
編集協力　峰岸美帆
装丁　黒田志麻
イラスト　よしだみさこ
DTP　佐藤史子
校正　株式会社 鷗来堂

参考サイト
国際連合広報センター
日本ユニセフ協会
NHK「目指せ！ 時事問題マスター」
新しい農業のカタチをつくるメディア「リプラス」
農林水産省ホームページ
スマートでんきコラム
日本財団「子どもの貧困対策」

参考資料
農林水産省「みどりの食料システム戦略」

フロントランナー
3 SDGsを実践する

2024年10月31日　第1刷発行

監修　朝日新聞be編集部

発行者　小松崎敬子
発行所　株式会社 岩崎書店
〒112-0014　東京都文京区関口2-3-3 7F
電話　03-6626-5080(営業)　03-6626-5082(編集)

印刷　三美印刷株式会社
製本　株式会社若林製本工場

ISBN 978-4-265-09187-4 NDC366 160P 21×15cm

Published by IWASAKI Publishing Co., Ltd.
Printed in Japan

岩崎書店HP https://www.iwasakishoten.co.jp
ご意見ご感想をお寄せください。info@iwasakishoten.co.jp
乱丁本·落丁本は小社負担でおとりかえいたします。